基于 GPRS 的混凝土弯箱梁桥温度效应研究

Research on temperature effect of concrete curved box girder bridge based on GPRS

杨则英　著

中国建筑工业出版社

图书在版编目（CIP）数据

基于 GPRS 的混凝土弯箱梁桥温度效应研究 ＝
Research on temperature effect of concrete curved
box girder bridge based on GPRS / 杨则英著. — 北
京：中国建筑工业出版社，2022.12
ISBN 978-7-112-28137-4

Ⅰ. ①基… Ⅱ. ①杨… Ⅲ. ①混凝土结构-箱梁桥-
温度相关-研究 Ⅳ. ①U448.21

中国版本图书馆 CIP 数据核字（2022）第 209562 号

　　　　长期以来，弯箱梁在荷载作用下的变形一直采用近似方法计算，即用短直线梁来模拟弯箱梁。采用解析方法计算在温度荷载下弯箱梁的变形与应力的研究较少，平面外变形的解析研究都是建立在忽略梁截面在扭转下的翘曲效应的前提下做出的。弯箱梁平面内温度效应研究也较少。鉴于此，本书对混凝土弯箱梁桥的温度效应进行解析分析。

　　　　本书适用于从事相关工作的专业人员或者对此领域感兴趣的相关人员。

责任编辑：高　悦
责任校对：张辰双

基于 GPRS 的混凝土弯箱梁桥
温度效应研究

**Research on temperature effect of concrete curved box
girder bridge based on GPRS**

杨则英　著

*

中国建筑工业出版社出版、发行（北京海淀三里河路 9 号）

各地新华书店、建筑书店经销

北京鸿文瀚海文化传媒有限公司制版

建工社（河北）印刷有限公司印刷

*

开本：787 毫米×1092 毫米　1/16　印张：7¼　字数：100 千字

2023 年 7 月第一版　　2023 年 7 月第一次印刷

定价：**38.00** 元

ISBN 978-7-112-28137-4

（40130）

前　言

　　温度变化对结构性能的影响在某些情况下有可能大于荷载或结构损伤，温度对结构的不利影响主要是由温度分布不均匀引起的。因此，自 20 世纪 60 年代以来，桥梁的温度梯度成为研究的焦点。研究温度对结构行为的影响，首先需要测量其在整个桥梁中的分布，有限差分热流模型也被用来确定桥梁构件的温度分布。这些方法主要是一维方法，其假设温度仅沿横截面的深度变化，沿其他方向的变化是不显著的。由于桥梁结构变得越来越复杂，一维模型难以捕获相对复杂结构的温度变化和分布。为此，研究者提出了一种二维有限元方法，通过考虑几何学、位置、方向、材料和气象条件来确定混凝土箱梁桥的时间相关温度变化。

　　对于大多数类型的桥梁，尤其是对于混凝土桥梁，水平方向的温度差值通常小于垂直方向的温度差值；但某些特定类型的桥梁也可能会有显著的横向温度梯度，并且相应的结构响应（例如横向变形）会对结构性能产生重大威胁。长期以来，弯箱梁在荷载作用下的变形一直采用近似方法计算，即用短直线梁来模拟弯箱梁。采用解析方法计算在温度荷载下弯箱梁的变形与应力的研究较少，平面外变形的解析研究都是建立在忽略梁截面在扭转下的翘曲效应的前提下做出的。弯箱梁平面内温度效应研究也较少。鉴于此，本书对混凝土弯箱梁桥的温度效应进行解析分析。

目　　录

1　绪论　………………………………………………………… 1

　1.1　目的和意义　………………………………………… 1

　1.2　研究简介　…………………………………………… 2

　1.3　国内外研究现状　…………………………………… 2

　　1.3.1　桥梁温度场研究现状　………………………… 2

　　1.3.2　曲线梁在荷载作用下变形的研究现状　……… 6

2　长期现场温度监测数据的采集与分析　……………………… 8

　2.1　桥梁温度数据无人值守采集系统　………………… 8

　2.2　夏季温度场分析研究　……………………………… 10

　　2.2.1　夏季箱梁顶板横向温度分布　………………… 10

　　2.2.2　夏季箱梁竖向温度分布　……………………… 11

　　2.2.3　夏季箱梁底板横向温度分布　………………… 11

　2.3　冬季温度场分析研究　……………………………… 24

　　2.3.1　冬季箱梁顶板横向温度分布　………………… 24

　　2.3.2　冬季箱梁竖向温度分布　……………………… 24

　　2.3.3　冬季箱梁底板横向温度分布　………………… 24

　2.4　适用于山东地区桥梁的日照温度梯度　…………… 37

　　2.4.1　箱梁竖向温度梯度　…………………………… 38

　　2.4.2　箱梁横向温度梯度　…………………………… 38

　2.5　本章小结　…………………………………………… 40

3 温度梯度下薄壁闭口截面曲线箱梁平面外变形的解析分析 ‥‥‥‥‥‥‥‥ 41

  3.1 分析曲线梁的温度效应（不考虑翘曲效应） ‥‥‥‥‥ 42

    3.1.1 基本假设 ‥‥‥‥‥‥‥‥‥‥‥‥‥ 42

    3.1.2 基本结构竖向挠度与扭角的解 ‥‥‥‥‥‥ 42

    3.1.3 多跨连续曲线梁 ‥‥‥‥‥‥‥‥‥‥‥ 46

  3.2 分析曲线梁的温度效应（考虑翘曲效应） ‥‥‥‥‥ 48

    3.2.1 基本假定 ‥‥‥‥‥‥‥‥‥‥‥‥‥ 48

    3.2.2 基本结构竖向挠度与扭角的解 ‥‥‥‥‥‥ 48

    3.2.3 单跨简支超静定曲线梁两端翘曲函数的
          讨论 ‥‥‥‥‥‥‥‥‥‥‥‥‥‥‥ 58

    3.2.4 多跨连续曲线梁 ‥‥‥‥‥‥‥‥‥‥‥ 62

  3.3 本章小结 ‥‥‥‥‥‥‥‥‥‥‥‥‥‥‥‥ 65

4 有限元验证及温度效应对比 ‥‥‥‥‥‥‥‥‥‥‥ 66

  4.1 有限元验证 ‥‥‥‥‥‥‥‥‥‥‥‥‥‥‥ 66

    4.1.1 单跨超静定简支曲线梁 ‥‥‥‥‥‥‥‥ 67

    4.1.2 多跨连续曲线梁 ‥‥‥‥‥‥‥‥‥‥‥ 69

  4.2 与相关规范规定的温度梯度计算结果对比 ‥‥‥‥ 71

    4.2.1 与《公路桥涵设计通用规范》JTG D60—2015 的
          对比 ‥‥‥‥‥‥‥‥‥‥‥‥‥‥‥ 71

    4.2.2 与《铁路桥涵混凝土结构设计规范》TB 10092—
          2017 的对比 ‥‥‥‥‥‥‥‥‥‥‥‥ 74

  4.3 本章小结 ‥‥‥‥‥‥‥‥‥‥‥‥‥‥‥‥ 76

5 其他曲线梁温度效应的解析计算的讨论 ‥‥‥‥‥‥ 78

  5.1 温度梯度下曲线梁的平面内变形（梁的宽度与半径
     相比可忽略时） ‥‥‥‥‥‥‥‥‥‥‥‥‥ 78

    5.1.1 基本假设 ‥‥‥‥‥‥‥‥‥‥‥‥‥ 79

    5.1.2 基本结构横向与轴向变形的解 ‥‥‥‥‥ 79

    5.1.3 多跨连续曲线梁 ‥‥‥‥‥‥‥‥‥‥‥ 83

  5.2 温度梯度下曲线梁的平面内变形（梁的宽度与半径

　　相比不可忽略时） ································· 84

　5.2.1　基本假设 ································· 85

　5.2.2　基本结构横向与轴向变形的解 ············· 85

5.3　三维温度场作用下的温度效应计算的讨论 ········· 90

5.4　本章小结 ··································· 102

参考文献 ····································· 103

1 绪 论

1.1 目的和意义

随着中国交通运输业的发展，在过去 20 年建成的桥梁结构中，混凝土桥梁占很大比例。箱梁桥的温度分布和热应力压力是一个重要的研究领域。一些研究表明，温度变化引起的结构应力在某些情况下与自重相似。同样，桥梁结构温度的影响将直接影响混凝土桥梁结构的安全性、耐用性和适用性。

桥梁结构的温度场主要受两个因素影响，季节性的结构整体温度变化与日夜交替时日照下的结构温度梯度。季节性整体温度变化相对于日照温差来说较为缓慢，日照温差所造成的温度差值在数值上要远高于前者。由于混凝土材料的导热性比较差，因此会产生可观的温度差值与相应的温差应力。

在本书中，通过在混凝土弯箱梁结构内部建立监测系统，进行长期连续监测，采集了大量的现场实测数据，使用数学统计分析收集的数据，得到了聊城市茌平西匝道立交桥所在地区气温条件下 100mm 沥青混凝土铺装下混凝土箱梁温度差值代表值与相应的温度梯度，此温度梯度可以作为山东地区的桥梁的相应设计计算所应用的温度梯度的参考。同时，本书利用曲线梁的基本微分方程和势能最低原理，根据是否考虑翘曲，分别提出了较简单的计算曲线梁的温度效应的解析方法，进行了理论计算与有限元计算结果的对比，并验证了理论计算结果的准确性。

1.2　研究简介

作为公路桥梁中广泛使用的结构形式，混凝土桥梁，特别是空间曲线混凝土箱梁桥，温度变化的情况下受力比线性梁桥更复杂，具有相当的研究价值。由于缺乏测量数据，且中国广大地区气候条件差异很大，而中国现有的公路桥梁设计规范是参照美国标准在混凝土箱体温度场中制定，因此，有必要研究中国不同地区混凝土曲线梁的场温和温度效应，以提高局部温度场和数据样本研究的准确性。

书中，笔者在聊城市茌平西匝道立交桥结构内部建立远程无人值守温度数据监测与采集系统，进行长期监测，并采集了大量的现场实测数据。利用监测数据，基于桥梁结构截面温度差值服从Weibull分布的假设下，采用统计方法对采集数据进行分析，得到了该桥所在地区气候条件下具有100mm沥青混凝土铺装层的混凝土箱梁桥结构的温度差值代表值与相应的温度梯度，此温度梯度可以作为山东地区桥梁设计计算所应用的温度梯度的参考。

同时，本书利用曲线梁的基本微分方程和势能最低原理，根据是否考虑翘曲，分别提出了较简单的计算曲线梁的温度效应的解析方法。进行了理论计算与有限元计算结果的对比，并验证了理论计算结果的准确性。类似地，利用最小势能原理，得到了温度梯度下曲线梁横向的温度效应及三维温度场分布下的温度效应的解析解。

1.3　国内外研究现状

1.3.1　桥梁温度场研究现状

对混凝土箱梁温度的研究始于20世纪50年代，经过60多年的发展，取得了丰硕的成果。目前，该领域已发展成为一个综合性的研究趋势，包括气象学、天文学、材料学、力学等方面。

Salawu 等通过实验室试验和现场调查表明，温度变化条件对结构性能的影响可能大于操作载荷或结构损伤。Xia 等发现未能密切监测和了解温度效应可能导致错误警报或未发现真正的结构损坏。

自 20 世纪 60 年代以来，人们对桥梁的热行为进行了广泛的研究。Zuk 通过调查几条高速公路桥梁，确定了太阳辐射、气温、风、湿度和材料类型对温度分布的影响。Emanual 等研究了组合梁公路桥梁的温度变化，并通过使用有限元分析将桥梁温度计算为时间的函数，揭示了温度对结构的负面影响主要是由温度分布不均匀引起的，由此各种类型的桥梁的温度梯度成为研究的焦点。Capps 等后来测量了英国一座钢箱梁桥的温度和温度引起的纵向移动。Priesley 等分析了预应力和加筋混凝土桥梁的垂直温度梯度，并将分析结果与实验室和现场试验进行了比较。Churchwardand 等连续记录了一个预应力双箱混凝土桥梁的温度，并给出了垂直温度分布的解析表达式，它是最大温差和环境参数日照的函数。

为了研究温度对结构行为的影响，首先需要测量其在整个桥梁中的分布，自 20 世纪 70 年代以来，已经开发了许多有限元模型。有限差分热流模型也被用来确定桥梁构件的温度分布。这些方法主要是一维方法，其假设温度仅沿横截面的深度变化，并且沿其他方向的变化是不显著的。随着结构配置变得越来越复杂，一维模型难以捕获相对复杂结构的温度变化和分布。El-badry 等提出了一种二维有限元方法，通过考虑几何学、位置、方向、材料和气象条件来确定混凝土箱梁桥的时间相关温度变化。

随着结构健康监测技术的发展，温度实测技术在一些桥梁上进行了应用，如 Macdonald 等对斜拉桥的监测，得出对于大多数类型的桥梁，尤其是对于混凝土桥梁，水平向的温度差值通常小于垂直的温度差值。但 Moorty 等发现桥梁的特定类型也可能经历显著的横向温度梯度，并且相应的结构响应（例如横向变形）会对结构性能产生重大威胁。Kromanis 等使用连续监测测量来研究桥梁的准静态温度效应，显示横向温度梯度高达 15℃。这导致主箱梁的平面弯曲，在滚子轴承处产生平面旋转。这些在设计阶段没有考虑的因素对轴承施加了很大的力，导致它们的退化。

Dilger 等进行了长期现场测量，研究了连续钢混凝土组合箱梁桥在其施工和运行的前三年的热效应。还提出了分析方程和数值方法来计算简单结构的温度分布。Tong 等采用温度监测系统研究了温度对一座钢箱梁桥的影响。Xu 等进行了 1997 年至 2005 年青马大桥的温度现场监测，并使用多年的监测数据分析了青马大桥的温度特征。而 Xia 等对桥梁的温度影响进行了广泛的热和结构分析。Ding 等使用长期监测数据来估算钢箱梁悬索桥的极端温差。Westgate 和 de Battista 等研究了交通和温度因素对 Tamar 桥的静态和动态响应的影响。

Shahawy、Roberts-Wollman、Fu，Kullaa 等进行了该领域的其他研究。

国内学者对于混凝土桥梁结构的温度效应研究起步于 20 世纪 70 年代末。

刘兴法对国内若干座铁路桥的预应力混凝土箱梁的温度场进行了现场观测，按一维问题计算箱梁截面竖向和横向温度分布。他还提出了一种计算温度应力的方法，将其应用在垂直和水平方向的一维温度场中然后线性叠加。

屈兆均得到了一种有限元的解，该有限元解根据平面问题的热导率公式推导，并提出了一种数值方案在平面温度区域中来解决温度场和温度应力问题。

王效通编制了四边形单元箱梁截面温度场的有限元求解程序。该程序考虑了箱梁内壁之间的辐射热传递。

房国安指出梁和板的交叉区域仅占总横截面积的一小部分。

因此，一维问题梁体的垂直温度分布与由二维问题计算的垂直温度分布没有太大差别。

管敏鑫开发了一种基于有限差分方法的计算机程序。考虑到太阳光的影响，预测混凝土箱梁桥的温度分布是理想的。

孙长荣采用有限差分法计算混凝土箱梁截面在日照作用下的温度分布，并将计算值与实测值进行比较。

盛洪飞综合考虑影响箱梁温度场的因素，包括箱梁的地理位置、太阳辐射强度、大气浊度、桥址的风速和风向、墙面的方向等，给出了一种简化的混凝土箱形截面桥温差应力计算公式。

葛耀君建立了求解混凝土斜拉桥箱形主梁截面的二维差分方程，并将数值解与现场测量值进行了对比。还将斜拉桥的温差效应分为长期温差效应和短期温差效应。

刘耀东在人工神经网络中使用前向网络，应用反向传播算法。通过对箱梁温度场的研究，得到了统一的解决方案，解决了温度场的实时求解问题。

郭棋武观察了斜拉桥在施工过程中的温度场，确定了温差模式下的参数，并采用有限元法模拟了温度场，结果与测量值一致。

王解军通过对桥梁箱梁温度场的测试，得到箱梁顶部和底部的日照引起的温差较大，箱梁的横向温差较小的结论。

刘华波、王毅、汪剑、彭友松、徐丰等人的学位论文大多以科研课题或基金为依托，系统地研究了混凝土桥梁气候温度效应。

以上的研究较为充分地揭示了各式桥梁的温度场分布情况，但由于不同地域间太阳辐射、气候等温度环境相差巨大，因此，各地区通过长期监测获取实测数据，并建立符合当地气候特征的适用于桥梁的计算温度梯度是必要的。同时，现有的桥梁温度场研究较多地关注桥梁结构竖向温度梯度，而对桥梁结构水平向（横向）温度梯度研究较少。

1.3.2　曲线梁在荷载作用下变形的研究现状

曲线梁的研究以圆曲线梁为主。曲线梁在荷载作用下的变形研究在以往的不少研究中长期以来一直采用近似方法，即用短的直线梁来模拟曲线梁。尽管该过程较为简单，但诸如刚度过大等缺陷是研究者选择不采用此种方法的原因。

Prathap 等试图应用三节点弯曲梁单元进行曲线梁的有限元分析，Lee 等得到了解决曲线梁有限单元中的闭锁现象的方法。Piovan 等提出了剪切锁定的自由位移场，以研究剪切柔性对水平弯曲梁的平面外自由振动的影响。Ishaghuddin 等揭示除了膜和剪切锁定之外还存在与平面外运动相关的弯曲和扭转锁定。除此以外，还有其他数值方法被采用对曲线梁进行分析。

采用解析方法讨论在温度荷载下的曲线梁的变形与应力的研究较少。Kochevar、Fettahlioglu 等通过一般的变分原理提出了圆形曲线梁的热弹性位移场。Rastgoo 等用同样的方法，讨论了曲线功能梯度梁在温度荷载与机械荷载下的稳定性。Ribeiro 采用有限元方法研究了弯曲梁的热弹性几何非线性振动。Mohammadi M 提出了非均匀弯曲梁的热弹性平面内应力场，其中杨氏模量和热膨胀系数等力学性质的变化遵循了新的径向分布规律。此外，Mohammadi Rezaiee-Pajand 应用格林函数方法对同时受竖向荷载与温度荷载的矩形截面曲线梁的平面外与平面变形进行了解析分析，考虑了矩形截面曲线梁在扭转时存在的翘曲问题。

国内已有诸多详细阐述曲线梁变形解析理论的研究成果，并详细讨论了闭口薄壁截面曲线梁的翘曲、畸变等效应，韦成龙、张元海、周茂定、甘亚南等利用最小势能原理与变分方法，采用不同的位移函数，研究了薄壁曲线箱梁考虑翘曲、畸变和剪滞等效应。

对于温度荷载下曲线梁的应力与变形，庞振宇、谭万忠、姜有鑫、赵小敏等采用有限元软件，对实测或规范规定的温度梯度

基于 GPRS 的混凝土弯箱梁桥温度效应研究
Research on temperature effect of concrete curved box girder bridge based on GPRS

下的桥梁结果进行分析。杨力、张武、徐祯耀、丁伟、李晓鹏等人的学位论文也采用有限元计算的方法进行曲线梁桥的温度效应分析。

　　国内对于采用解析方法对圆曲线梁的温度效应进行分析较少，王毅等应用结构力学和曲线梁基本微分方程提出了温度荷载下曲线梁平面外变形的计算方法。付春雨等根据平曲线梁弯扭耦合的特点，基于微梁段的几何关系，导出了平曲线薄壁箱梁在温度作用下的平面外变形和内力计算式。但这些平面外变形的解析研究都是建立在忽略梁截面在扭转下的翘曲效应的前提下所做的。曲线梁平面内温度效应研究同样较少，李晓飞等应用虚功原理，建立了在集中荷载和变温作用下曲线梁面内位移解析表达式。由此可见，有待于进一步对圆曲线梁桥的温度效应进行解析分析。本书的技术路线见图 1-1。

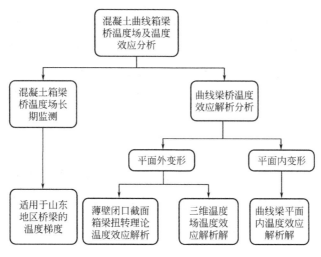

图 1-1　本书技术路线

2

长期现场温度监测数据的采集与分析

2.1 桥梁温度数据无人值守采集系统

在山东省济南市至河北省馆陶县高速公路茌平西互通立交桥第 2 联预应力空间曲线弯箱梁桥上建立了温度场及温度效应监测系统，采集了大量的施工和正常运行的监测数据。本部分主要以茌平西互通立交桥为工程背景，详细阐述了建立并正常运行整个监测系统的过程、温度场数据的监测值，并通过分析数据得到适用于山东地区桥梁的日照温度梯度。

依托工程背景：

山东省济南市至河北省馆陶县高速公路茌平西互通立交桥宽度 15.5m，桥梁设计荷载为公路-Ⅰ级，抗震按Ⅷ度设防。茌平西互通立交桥全长为 154.06m（图 2-1）。

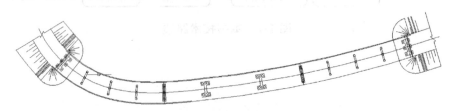

图 2-1 茌平西互通立交桥平面图

茌平西互通立交桥共 3 联，跨径布置如下：4×20m＋（30m＋40m＋30m）＋4×20m。第 2 联上部结构为预应力混凝土连续箱梁，第1、3联上部结构为普通钢筋混凝土连续箱梁。第2联预应力混凝土连续箱梁为三箱室截面，梁高2.2m，等高度梁。箱梁顶板宽度15.5m，底板宽度10.5m，悬臂长度2.5m。第1、3联普通钢筋混凝土连续箱梁为四箱室截面，梁高1.4m，等高度梁。

此次试验采用了长沙金码高科技实业有限公司生产的JMT—36型温度传感器中的JMT-36C型电阻式温度计（图2-2）。

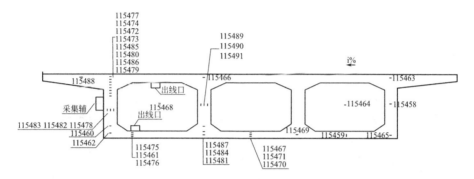

图2-2 温度传感器布置图

温度传感器全部布置在桥梁中跨跨中向南侧偏5m的截面上。值得注意的是，该桥有100mm的沥青混凝土铺装。

图2-3～图2-6为传感器安装。

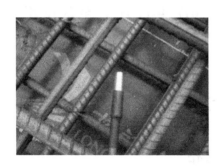

图2-3 JMT-36C温度传感器

图2-4 腹板横向温度传感器安装完成

于2017年下半年，完成了监测系统的维护与重新启动，更换了太阳能电池板与蓄电池，并且建立了新的电路（图2-7～图2-9）。

图 2-5　底板温度传感器布置图　　图 2-6　腹板纵向温度传感器安装图

 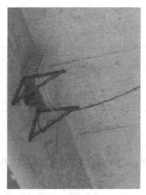 

图 2-7　更换的太阳能　　图 2-8　进行维护的　　图 2-9　更换的蓄电池及
　　　　电池板　　　　　　　　　　电路　　　　　　　　　　　支架

运用重启的监测系统，采集了 2017 年 11 月 25 至 2018 年 12 月 10 日的数据，并采用中间一年的实测数据进行分析。

2.2　夏季温度场分析研究

2.2.1　夏季箱梁顶板横向温度分布

不考虑由于传感器在安装的时候出现的位置误差而造成的某些传感器脱出顶板的情况，箱梁顶板内水平向共有 4 个温度传感器从左至右分布。

图 2-10～图 2-13 显示的是 2018 年 6 月 18 日、19 日以及 7

月 18 日、19 日顶板以及翼板内测点的温度随时间的变化。从图中可以得出，夏季时在顶板处的水平温度差值是存在的，在计算中值得进行考虑，而对于处于翼板上的监测点来说，在一天内的大部分时间内的温度变化规律与其他三个测点有着较大的不同。这说明，翼板由于与外界环境三向接触，受外界环境影响较大，尤其是受日照影响较大，而且在散热状况上优于箱梁顶板，于是在温度变化上会呈现与箱梁顶板不同的特点。除翼缘的监测点以外，其余监测点的温度值（横向坐标）基本上可以视为处在一条直线上。

2.2.2　夏季箱梁竖向温度分布

考虑竖向温度分布的时候纳入的传感器在箱梁一侧腹板处从上至下分布。图 2-14～图 2-17 分别描述了 6 月 18 日、19 日以及 7 月 18 日、19 日不同的时间区间内随着深度的温度分布变化。图中由不同的颜色来显示不同时间段的温度曲线。夏季时日出后混凝土箱梁温度沿深度的分布，呈现出明显的靠近日照处温度较高，而靠近底板处温度较低的特性，形状与规范所规定的计算温度梯度形状类似。

2.2.3　夏季箱梁底板横向温度分布

对往平匝道桥在底板不同部位设置 5 个水平向布置的温度传感器，从左至右分布，以考察箱梁底板的横向温差。拟决定选取分析数据为 6 月 18 日、19 日以及 7 月 18 日、19 日的温度采集数据（图 2-18～图 2-21）。可以看到夏季时箱梁底板的横向温差是存在的，但是由于底板不直接受到太阳辐射，因此底板的横向温差绝对值相对于顶板较小。

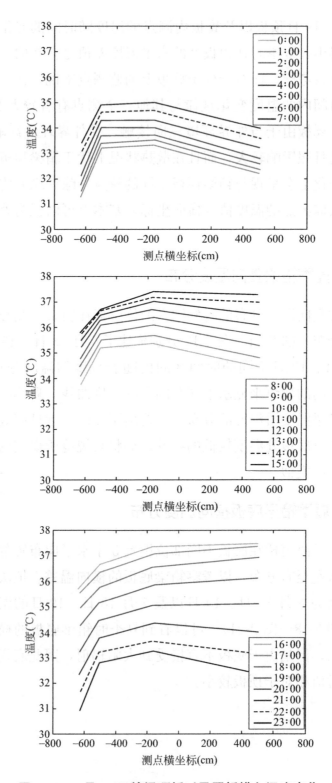

图 2-10 6 月 18 日箱梁顶板以及翼板横向温度变化

基于 GPRS 的混凝土弯箱梁桥温度效应研究
Research on temperature effect of concrete curved box girder bridge based on GPRS

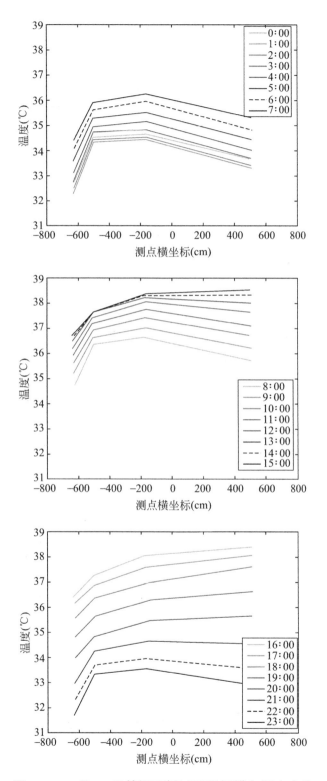

图 2-11 6 月 19 日箱梁顶板以及翼板横向温度变化

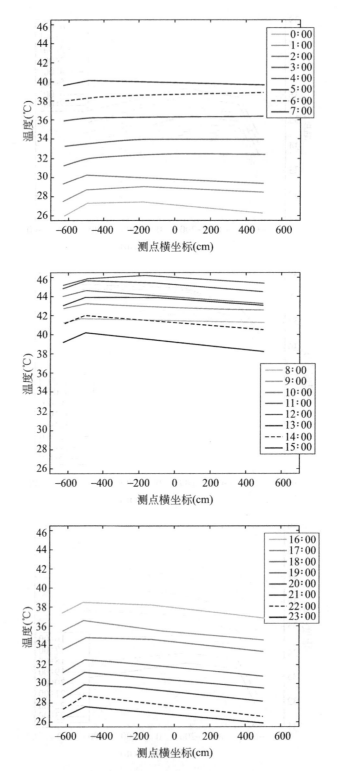

图 2-12　7 月 18 日箱梁顶板以及翼板横向温度变化

基于 GPRS 的混凝土弯箱梁桥温度效应研究
Research on temperature effect of concrete curved box girder bridge based on GPRS

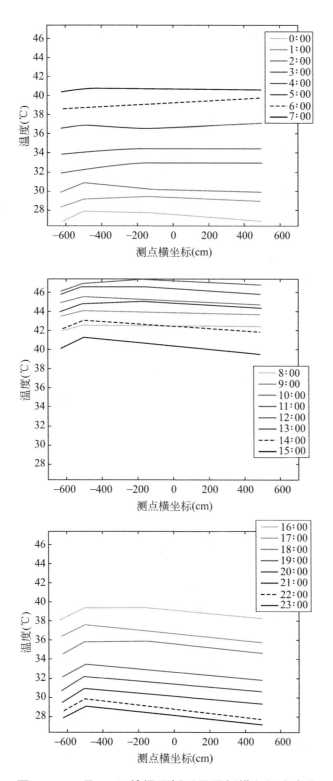

图 2-13　7 月 19 日箱梁顶板以及翼板横向温度变化

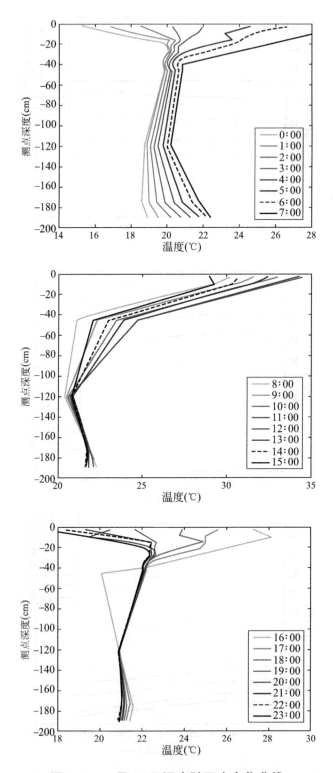

图 2-14　6 月 18 日温度随深度变化曲线

基于 GPRS 的混凝土弯箱梁桥温度效应研究
Research on temperature effect of concrete curved box girder bridge based on GPRS

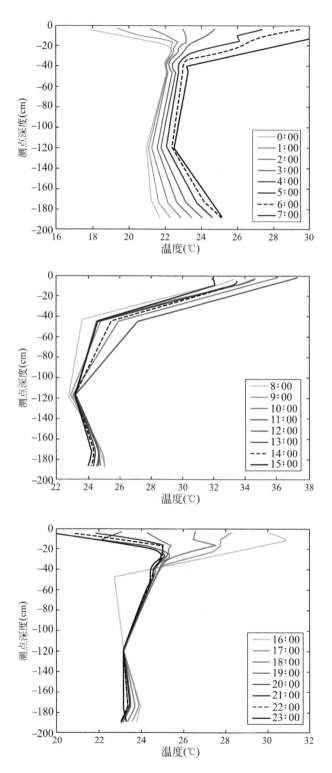

图 2-15　6 月 19 日温度随深度变化曲线

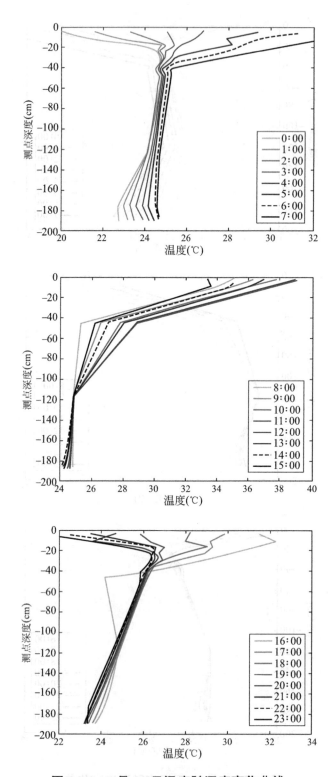

图 2-16　7月18日温度随深度变化曲线

基于 GPRS 的混凝土弯箱梁桥温度效应研究
Research on temperature effect of concrete curved box girder bridge based on GPRS

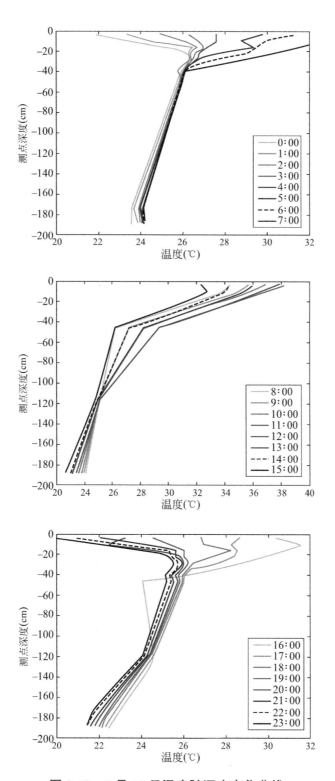

图 2-17　7月19日温度随深度变化曲线

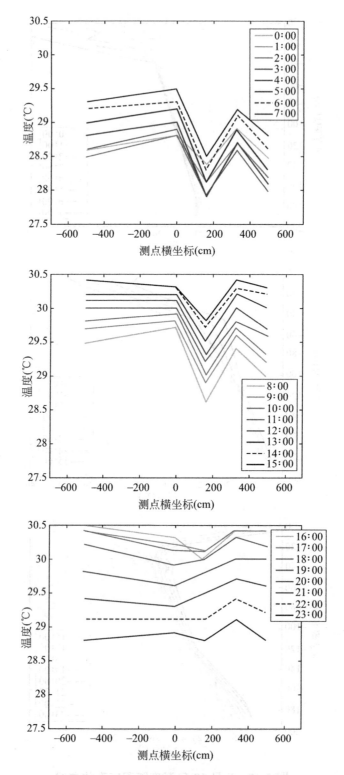

图 2-18　6 月 18 日箱梁底板横向温度变化

基于 GPRS 的混凝土弯箱梁桥温度效应研究
Research on temperature effect of concrete curved box girder bridge based on GPRS

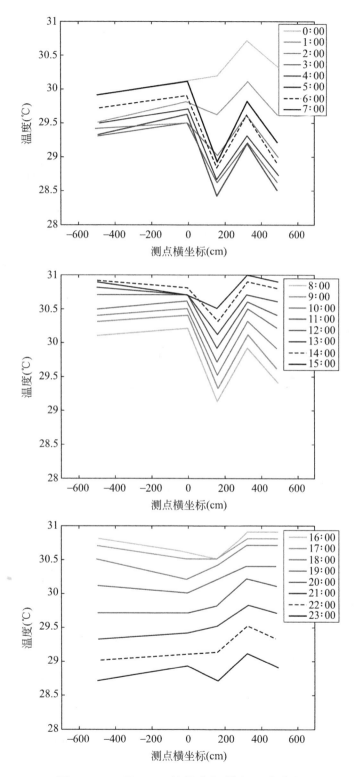

图 2-19 6 月 19 日箱梁底板横向温度变化

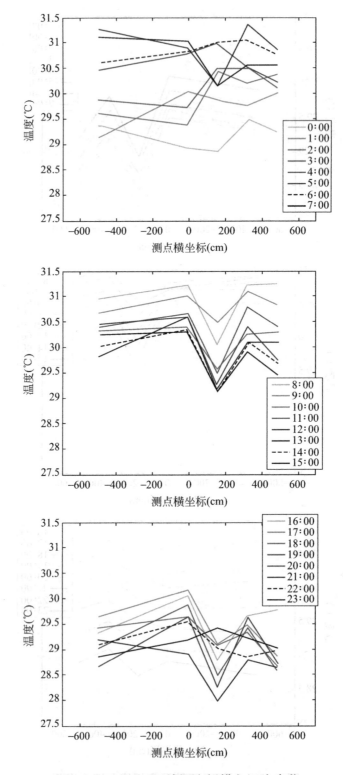

图 2-20　7 月 18 日箱梁底板横向温度变化

基于 GPRS 的混凝土弯箱梁桥温度效应研究
Research on temperature effect of concrete curved box girder bridge based on GPRS

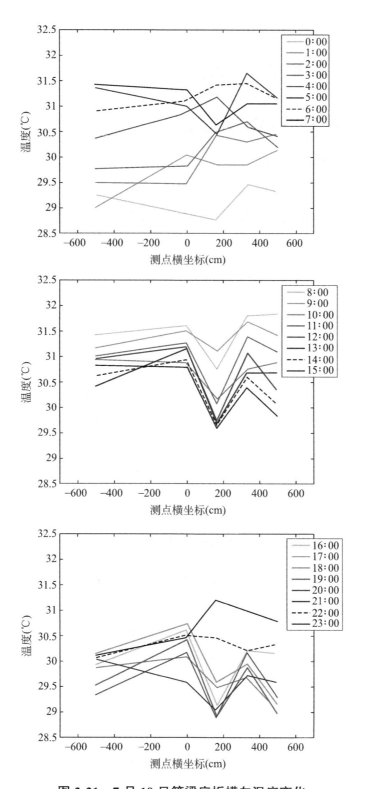

图 2-21　7 月 19 日箱梁底板横向温度变化

2.3 冬季温度场分析研究

2.3.1 冬季箱梁顶板横向温度分布

图 2-22～图 2-25 显示的是 1 月 18 日、19 日以及 2 月 18 日、19 日顶板以及翼板内测点的温度随时间的变化。从图中可以得出，冬季时，由于太阳辐射相较于夏季时较低，因此，顶板处的横向温度差值要较夏季小得多。

2.3.2 冬季箱梁竖向温度分布

图 2-26～图 2-29 分别描述了 1 月 18 日、19 日以及 2 月 18 日、19 日不同的时间区间内温度随着深度的分布变化。

可以发现，与夏季不同，冬季可能出现负温差的现象，即由于地面辐射等原因，会出现箱梁即使在太阳照射下，下侧的部位温度却反而高于上侧部位的情况，如图 2-26、图 2-27 所示。这种温度状况会造成底板伸长、顶板收缩的情况，结构会产生向下的挠度。当然，也会随着天气的变化产生通常的正温差的情况。

2.3.3 冬季箱梁底板横向温度分布

与夏季相同，在底板不同部位设置 5 个水平向布置的温度传感器，以考察箱梁底板的横向温差。图 2-30～图 2-33 显示的是 1 月 18 日、19 日以及 2 月 18 日、19 日箱梁底板测点的温度随时间的变化。同样的，冬季时底板处的横向温度差值要较夏季小得多。

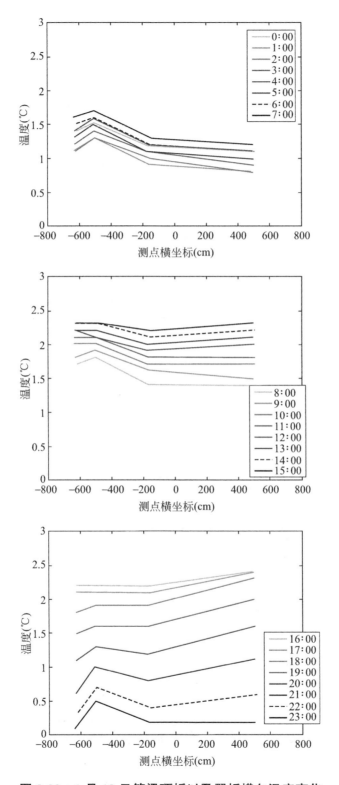

图 2-22 1 月 18 日箱梁顶板以及翼板横向温度变化

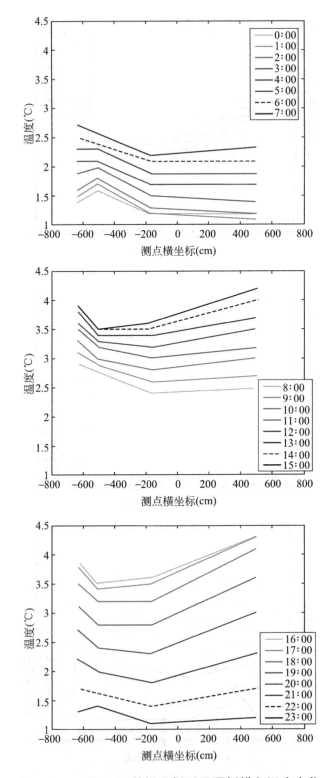

图 2-23　1 月 19 日箱梁顶板以及翼板横向温度变化

基于 GPRS 的混凝土弯箱梁桥温度效应研究
Research on temperature effect of concrete curved box girder bridge based on GPRS

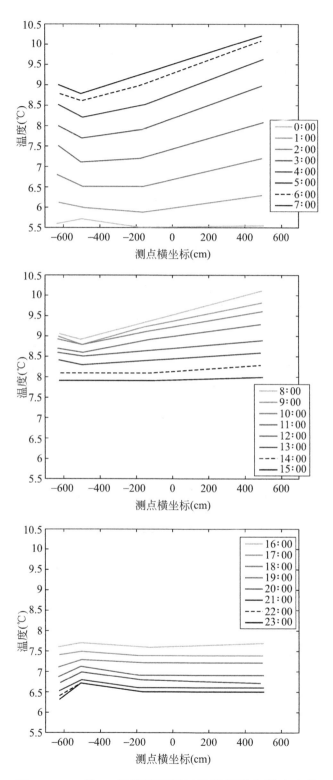

图 2-24　2 月 18 日箱梁顶板以及翼板横向温度变化

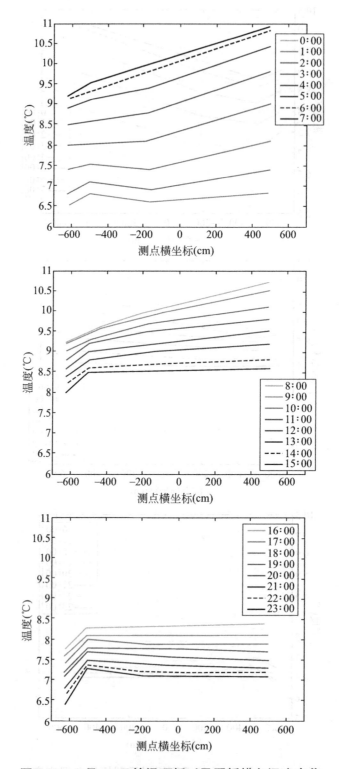

图 2-25　2 月 19 日箱梁顶板以及翼板横向温度变化

基于 GPRS 的混凝土弯箱梁桥温度效应研究
Research on temperature effect of concrete curved box girder bridge based on GPRS

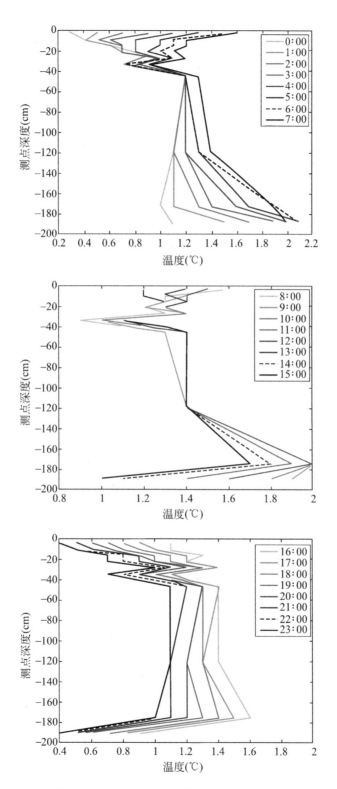

图 2-26　1 月 18 日温度随深度变化曲线

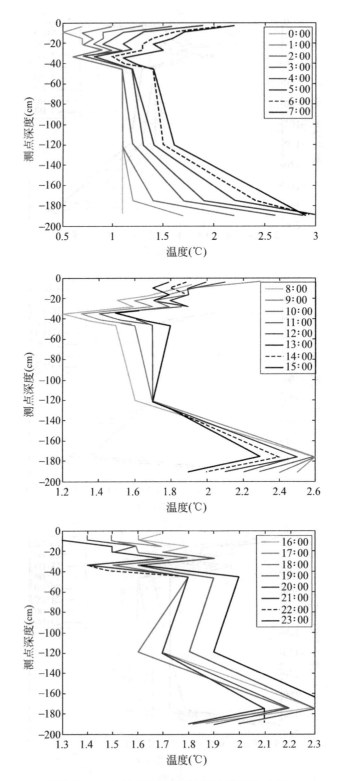

图 2-27　1 月 19 日温度随深度变化曲线

基于 GPRS 的混凝土弯箱梁桥温度效应研究
Research on temperature effect of concrete curved box girder bridge based on GPRS

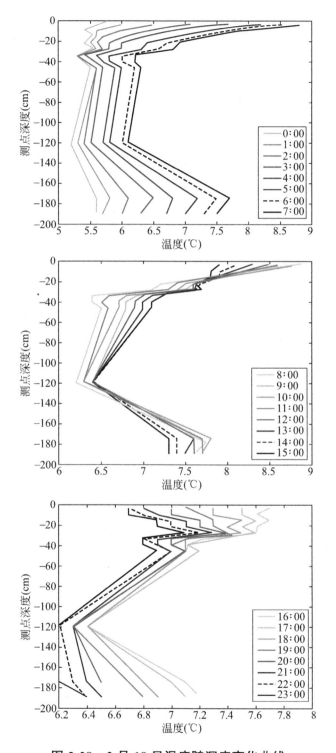

图 2-28   2 月 18 日温度随深度变化曲线

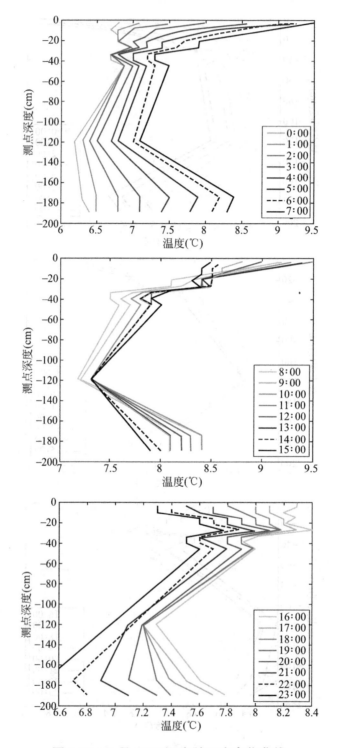

图2-29 2月19日温度随深度变化曲线

基于 GPRS 的混凝土弯箱梁桥温度效应研究
Research on temperature effect of concrete curved box girder bridge based on GPRS

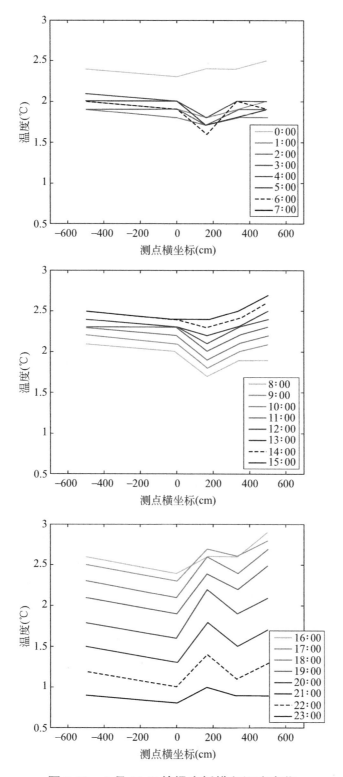

图 2-30　1 月 18 日箱梁底板横向温度变化

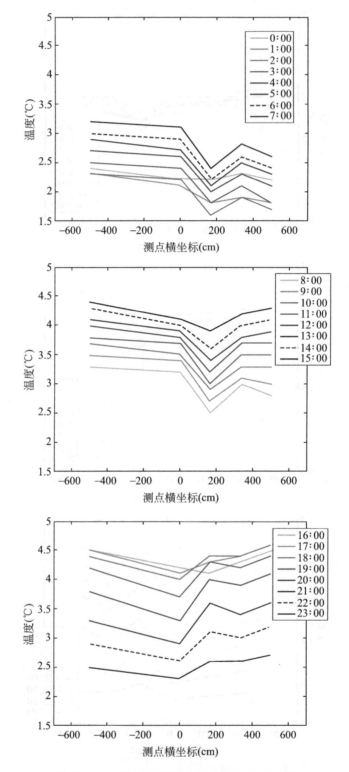

图 2-31 1月19日箱梁底板横向温度变化

基于 GPRS 的混凝土弯箱梁桥温度效应研究
Research on temperature effect of concrete curved box girder bridge based on GPRS

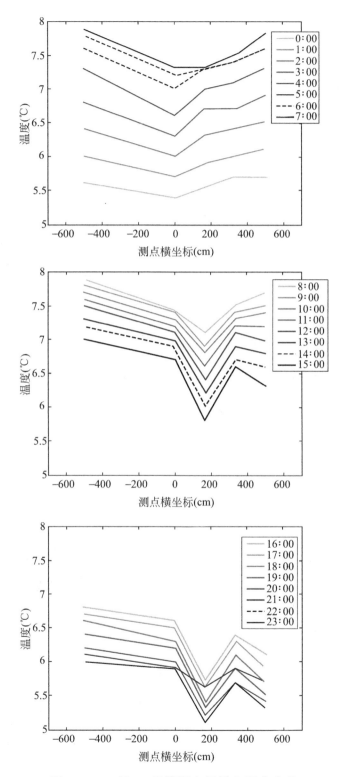

图 2-32　2 月 18 日箱梁底板横向温度变化

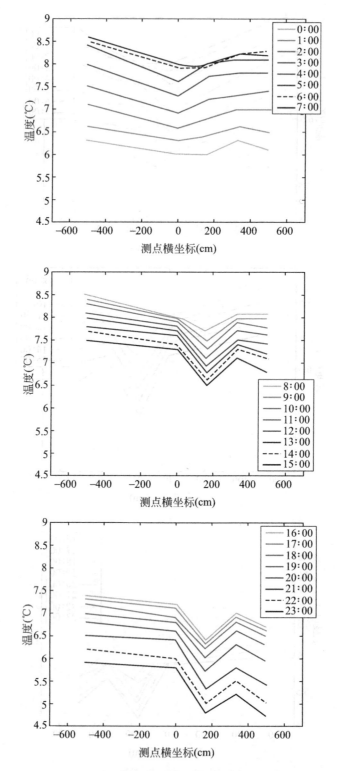

图 2-33　2 月 19 日箱梁底板横向温度变化

基于 GPRS 的混凝土弯箱梁桥温度效应研究
Research on temperature effect of concrete curved box girder bridge based on GPRS

2.4 适用于山东地区桥梁的日照温度梯度

根据参考文献［40］，从概率论的角度来看，箱梁截面的各时刻的温度场是一个非平稳且未知分布函数的多元随机过程，研究这种随机过程相当复杂且需要大量样本数据。公路桥规关于温度梯度的规定说明，箱梁截面的竖向最高温差是描述箱梁截面温度场和拟定箱梁竖向正温度梯度的重要参数，因此本节的分析以箱梁截面最高温差为重要参数。

国内的一些学者在进行箱梁的温度作用研究时往往会根据实测数据，采用曲线拟合的方法提出一系列的温度梯度模式，以此作为混凝土箱梁设计上的依据，但更加科学的做法是通过统计学的方法确定混凝土箱梁温度作用的代表值，作为混凝土箱梁设计的依据。

参考之前采集到的数据规律，分别讨论箱梁截面整体竖向温差、顶板横向温差以及底板横向温差。采集到数据后，将这些变量视作随机变量，假定它服从 Weibull 分布。

Weibull 分布的概率密度函数为：

$$w(x) = \begin{cases} \dfrac{\beta}{\alpha}\left(\dfrac{x}{\alpha}\right)^{\beta-1} e^{-\left(\frac{x}{\alpha}\right)^{\beta}} & (x \geqslant 0) \\ 0 & (x < 0) \end{cases}$$

其中，α 为尺度参数，β 为形状参数。

通过积分可得，两参数 Weibull 累计分布函数的表达式为

$$W(x:\alpha,\beta) = 1 - e^{-\left(\frac{x}{\alpha}\right)^{\beta}}$$

通过统计分析的方法得到温度作用的概率分布后，考虑温度作用的特征值是具有重现期为 50 年的作用值，若按照我国桥梁规范中规定的设计基准期 100 年计算，设计基准期内最大温度作用超过特征值次数的数学期望为 2 次，即超越概率为 2%。

2.4.1 箱梁竖向温度梯度

对各个采集时刻箱梁竖向温度差值进行整理统计，通过皮尔逊 χ^2 检验，由 Matlab 计算软件得出温度差值服从 $W(6.6421, 2.2548)$ 的 Weibull 分布，并绘制样本数据在概率纸上的分布，如图 2-34 所示。

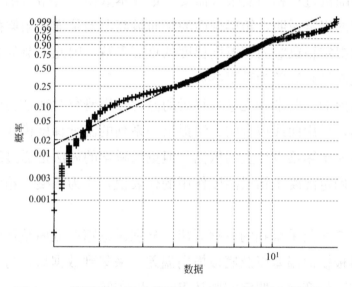

图 2-34　箱梁竖向温度差值在 Weibull 概率纸上的分布

从图可以看出，样本数据基本呈直线变化，因此有理由认为数据服从 Weibull 分布的假设是正确的。根据 Weibull 分布的累积分布函数，可得到温差的标准值为 12.1631℃。在得到温度差值这一主要参数的情况下，参考其他已有的研究成果，得到竖向温度梯度：

$$T(y) = 12.1631e^{-5y} (℃)$$

2.4.2 箱梁横向温度梯度

由之前的研究可以得到，箱梁的顶板与底板的温度分布规律是不同的。但若采用顶板与底板不同的温度分布函数，则无法保持竖向温度梯度在截面横向坐标上的相对同样的分布，这使得计

基于 GPRS 的混凝土弯箱梁桥温度效应研究
Research on temperature effect of concrete curved box girder bridge based on GPRS

算很不方便。为方便计算，采用箱梁整体的横向温度梯度作为计算温度梯度。为综合考虑顶板与底板的温度分布规律，等量地采集顶板与底板的温度差值数据，与箱梁竖向温度梯度相近的方法，得到温度差值服从 $W(1.4034，1.5124)$ 的 Weibull 分布，并绘制样本数据在概率纸上的分布，如图 2-35 所示。

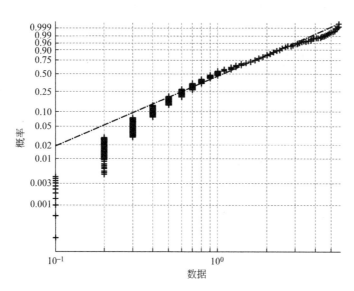

图 2-35　箱梁顶板横向温度差值在 Weibull 概率纸上的分布

同样的，有理由认为数据服从 Weibull 分布的假设是正确的。根据 Weibull 分布的累积分布函数，可得到温差的标准值为 3.4585℃。在得到温度差值这一主要参数的情况下，参考已有的研究成果，得到横向温度梯度：

$$T(x) = 3.4585e^{-7x}（℃）$$

因此，由聊城市茌平匝道立交桥监测数据总结得到的用于桥梁结构计算的温度梯度如图 2-36 所示。其中竖向温度梯度 $T(y) = 12.1631e^{-5y}（℃）$，横向温度梯度 $T(x) = 3.4585e^{-7x}（℃）$。

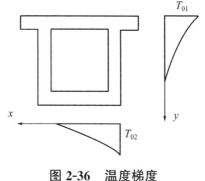

图 2-36　温度梯度

2.5 本章小结

本章主要对利用实时监测系统采集到的大量温度数据进行了分析，对不同的季节状况下不同温度场的分布进行了定性研究。此外，基于竖向温度差值与横向温度差值这两个主要温度梯度参数服从 Weibull 分布的假设下，采用数理统计方法对采集数据进行分析，得到了聊城市茌平西匝道立交桥所在地区气温条件下 100mm 沥青混凝土铺装下混凝土箱梁竖向与横向温度差值代表值，这一温度差值可以在一定程度上代表聊城乃至山东地区的相应桥梁温度差值，由此得到的温度梯度可以作为聊城乃至山东地区用于计算相应桥梁的温度梯度的参考。对于具有不同沥青混凝土铺装层厚度的桥梁，可以通过相同的方式进行监测并得到相应的温度梯度。

3

温度梯度下薄壁闭口截面曲线箱梁平面外变形的解析分析

  曲线梁中温度效应的特殊性在于不能简单地在梁的首末端截面使用阻止应变法进行力学分析。同时，因为进行分析的基本结构往往是单跨简支超静定曲线梁，因此，不能简单适用"静定结构在温度荷载的作用下不会产生截面内力"的结论。本章利用曲线梁的基本微分方程和势能最低原理，提出了一种较简单的计算平面曲线梁的温度效应的解析方法。曲线梁坐标系如图 3-1 所示。

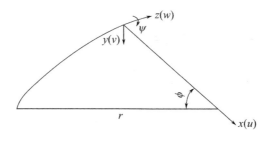

图 3-1 曲线梁坐标系

  对于曲线梁，竖向弯曲、扭转的变形相互耦合（平面外变形），横向弯曲与轴向伸长的变形是相互耦合的（平面内变形），而两组变形之间相互并不耦合。因此，在小变形，线性结构的前提下，结构可以按两组温度效应分别考虑后，再进行线性叠加。在本章中主要讨论平面外变形。

3.1　分析曲线梁的温度效应（不考虑翘曲效应）

首先考虑结构在不考虑翘曲的假定下的变形，尽管不考虑翘曲在理论上是不够严谨的，但它在大部分情况下都能满足工程精度要求。

3.1.1　基本假设

分析曲线梁的温度效应，采用如下基本假设：

（1）曲线梁的横截面变形后仍保持为平面（平截面假定）；

（2）曲线箱梁的应变及应变曲率按小曲率曲梁考虑，变形处于小变形范围内；

（3）曲线梁变形后横截面的形状保持不变，不考虑畸变；

（4）温度沿梁轴向不发生变化，而仅在横截面上存在 $T(x, y)$ 的分布；

（5）不考虑扭转产生的结构水平向的位移。

3.1.2　基本结构竖向挠度与扭角的解

根据参考文献 [62]，曲线梁竖向弯曲和扭转的几何方程为：

$$k_x = \frac{\mathrm{d}^2 v}{\mathrm{d}z^2} - \frac{\phi}{r} = \frac{\mathrm{d}^2 v}{r^2 \mathrm{d}\varphi^2} - \frac{\phi}{r}$$

$$\tau'_z = \frac{\mathrm{d}\phi}{\mathrm{d}z} + \frac{\mathrm{d}v}{r\mathrm{d}z} = \frac{\mathrm{d}\phi}{r\mathrm{d}\varphi} + \frac{\mathrm{d}v}{r^2 \mathrm{d}\varphi}$$

其中，k_x 为竖向弯曲曲率；τ'_z 为折算扭曲率，即单位长度的扭转角；v 为竖向挠度；ϕ 为截面扭角；φ 为曲线梁圆心角坐标；r 为圆曲线梁对应半径。

物理方程为：

$$M_x = -EI_x k_x$$

$$T_s = GI_k \tau'_z$$

其中，M_x 为 x 轴方向的弯矩，T_s 为纯扭转扭矩，I_x 为 x 轴方向的截面抗弯惯性矩，I_k 为截面纯扭转常数，E 为弹性模量，G 为切变模量。

考虑一根对应圆心角为 φ_0 的等截面梁，当忽略截面翘曲时，结构的势能为：

$$W = \frac{1}{2} GI_k \int_{-\varphi_0/2}^{\varphi_0/2} \tau_z'^2 r \, \mathrm{d}\varphi + \frac{1}{2} EI_x \int_{-\varphi_0/2}^{\varphi_0/2} k_x^2 r \, \mathrm{d}\varphi$$

$$- E \int_{-\varphi_0/2}^{\varphi_0/2} \left\{ \iint \alpha T(x, y) \times k_x y \, \mathrm{d}A \right\} r \, \mathrm{d}\varphi$$

其中，α 为热膨胀系数。

公式前两项为应变能，第三项为温度荷载势能。由势能最低原理，可能的变形是使得势能达到驻值的变形。需要 $\upsilon(\varphi)$ 和 $\phi(\varphi)$ 曲线使得应变能 W 取到极小值，令 $\delta W = 0$，则：

$$\delta W = GI_k \int_{-\varphi_0/2}^{\varphi_0/2} \left(\frac{\mathrm{d}\phi}{r \mathrm{d}\varphi} + \frac{\mathrm{d}\upsilon}{r^2 \mathrm{d}\varphi} \right) \left(\frac{\mathrm{d}\delta\phi}{r \mathrm{d}\varphi} + \frac{\mathrm{d}\delta\upsilon}{r^2 \mathrm{d}\varphi} \right) r \, \mathrm{d}\varphi$$

$$+ EI_x \int_{-\varphi_0/2}^{\varphi_0/2} \left(\frac{\mathrm{d}^2 \upsilon}{r^2 \mathrm{d}\varphi^2} - \frac{\phi}{r} \right) \left(\frac{\mathrm{d}^2 \delta\upsilon}{r^2 \mathrm{d}\varphi^2} - \frac{\delta\phi}{r} \right) r \, \mathrm{d}\varphi$$

$$- E \int_{-\varphi_0/2}^{\varphi_0/2} \left[\iint \alpha T(x, y) y \, \mathrm{d}A \right] \left(\frac{\mathrm{d}^2 \delta\upsilon}{r^2 \mathrm{d}\varphi^2} - \frac{\delta\phi}{r} \right) r \, \mathrm{d}\varphi = 0$$

$$\delta W = \int_{-\varphi_0/2}^{\varphi_0/2} \left\{ \begin{array}{l} E \left[\iint \alpha T(x, y) y \, \mathrm{d}A \right] - EI_x \left(\dfrac{\mathrm{d}^2 \upsilon}{r^2 \mathrm{d}\varphi^2} - \dfrac{\phi}{r} \right) \\ - GI_k \left(\dfrac{\mathrm{d}^2 \phi}{r \mathrm{d}\varphi^2} + \dfrac{\mathrm{d}^2 \upsilon}{r^2 \mathrm{d}\varphi^2} \right) \end{array} \right\} \delta\phi \, \mathrm{d}\varphi$$

$$+ \int_{-\varphi_0/2}^{\varphi_0/2} \left[EI_x \left(\frac{\mathrm{d}^4 \upsilon}{r^2 \mathrm{d}\varphi^4} - \frac{\mathrm{d}^2 \phi}{r \mathrm{d}\varphi^2} \right) - GI_k \left(\frac{\mathrm{d}^2 \phi}{r \mathrm{d}\varphi^2} + \frac{\mathrm{d}^2 \upsilon}{r^2 \mathrm{d}\varphi^2} \right) \right] \frac{\delta w}{r} \, \mathrm{d}\varphi$$

$$+ GI_k \left(\frac{\mathrm{d}\phi}{r \mathrm{d}\varphi} + \frac{\mathrm{d}\upsilon}{r^2 \mathrm{d}\varphi} \right) \delta\phi \, \Big|_{-\varphi_0/2}^{\varphi_0/2}$$

$$+\left[GI_k\left(\frac{\mathrm{d}\phi}{r\mathrm{d}\varphi}+\frac{\mathrm{d}v}{r^2\mathrm{d}\varphi}\right)-EI_x\left(\frac{\mathrm{d}^3v}{r^2\mathrm{d}\varphi^3}-\frac{\mathrm{d}\phi}{r\mathrm{d}\varphi}\right)\right]\frac{\delta v}{r}\bigg|_{-\varphi_0/2}^{\varphi_0/2}$$

$$+\left\{EI_x\left(\frac{\mathrm{d}^2v}{r^2\mathrm{d}\varphi^2}-\frac{\phi}{r}\right)-E\iint\alpha T(x,\ y)y\mathrm{d}A\right\}\frac{\mathrm{d}\delta v}{r\mathrm{d}\varphi}\bigg|_{-\varphi_0/2}^{\varphi_0/2}=0$$

故：

$$E\iint\alpha T(x,\ y)y\mathrm{d}A-EI_x\left(\frac{\mathrm{d}^2v}{r^2\mathrm{d}\varphi^2}-\frac{\phi}{r}\right)-GI_k\left(\frac{\mathrm{d}^2\phi}{r\mathrm{d}\varphi^2}+\frac{\mathrm{d}^2v}{r^2\mathrm{d}\varphi^2}\right)=0$$

$$\tag{1}$$

$$EI_x\left(\frac{\mathrm{d}^4v}{r^2\mathrm{d}\varphi^4}-\frac{\mathrm{d}^2\phi}{r\mathrm{d}\varphi^2}\right)-GI_k\left(\frac{\mathrm{d}^2\phi}{r\mathrm{d}\varphi^2}+\frac{\mathrm{d}^2v}{r^2\mathrm{d}\varphi^2}\right)=0 \tag{2}$$

边界条件：

$$GI_k\left(\frac{\mathrm{d}\phi}{r\mathrm{d}\varphi}+\frac{\mathrm{d}v}{r^2\mathrm{d}\varphi}\right)\delta\phi\,\bigg|_{-\varphi_0/2}^{\varphi_0/2}=0 \tag{3}$$

$$\left[GI_k\left(\frac{\mathrm{d}\phi}{r\mathrm{d}\varphi}+\frac{\mathrm{d}v}{r^2\mathrm{d}\varphi}\right)-EI_x\left(\frac{\mathrm{d}^3v}{r^2\mathrm{d}\varphi^3}-\frac{\mathrm{d}\phi}{r\mathrm{d}\varphi}\right)\right]\frac{\delta v}{r}\bigg|_{-\varphi_0/2}^{\varphi_0/2}=0 \tag{4}$$

$$\left\{EI_x\left(\frac{\mathrm{d}^2v}{r^2\mathrm{d}\varphi^2}-\frac{\phi}{r}\right)-E\iint\alpha T(x,\ y)y\mathrm{d}A\right\}\frac{\mathrm{d}\delta v}{r\mathrm{d}\varphi}\bigg|_{-\varphi_0/2}^{\varphi_0/2}=0 \tag{5}$$

现考虑单跨一次超静定简支曲线等截面梁，它的扭矩反力是超静定的。在 $\varphi=\pm\dfrac{\varphi_0}{2}$ 处，有 $\delta\phi=0$，$\delta v=0$。故边界条件（3）（4）自然满足。

由式（1）可得：

$$\frac{\mathrm{d}^2v}{r^2\mathrm{d}\varphi^2}=\frac{1}{EI_x+GI_k}\left\{EI_x\frac{\phi}{r}-GI_k\frac{\mathrm{d}^2\phi}{r\mathrm{d}\varphi^2}+E\iint\alpha T(x,\ y)y\mathrm{d}A\right\}$$

代入式（2）得：

$$EI_x\left(EI_x\frac{\mathrm{d}^2\phi}{r\mathrm{d}\varphi^2}-GI_k\frac{\mathrm{d}^4\phi}{r\mathrm{d}\varphi^4}\right)$$

$$-GI_k\left\{EI_x\frac{\phi}{r}-GI_k\frac{\mathrm{d}^2\phi}{r\mathrm{d}\varphi^2}+E\iint\alpha T(x,\ y)y\mathrm{d}A\right\}$$

$$-(EI_x+GI_k)EI_x\frac{\mathrm{d}^2\phi}{r\mathrm{d}\varphi^2}-(EI_x+GI_k)GI_k\frac{\mathrm{d}^2\phi}{r\mathrm{d}\varphi^2}=0$$

整理得：

$$\frac{\mathrm{d}^4\phi}{r\mathrm{d}\varphi^4}+2\frac{\mathrm{d}^2\phi}{r\mathrm{d}\varphi^2}+\frac{\phi}{r}=-\frac{\iint\alpha T(x,\ y)y\mathrm{d}A}{I_x} \tag{6}$$

解式（6）得：

$$\frac{\phi}{r}=(C_1\varphi+C_2)\cos\varphi+(C_3\varphi+C_4)\sin\varphi-\frac{\iint\alpha T(x,\ y)y\mathrm{d}A}{I_x}$$

因为对称结构在对称温度荷载下有对称的受力与变形，故 ϕ 是偶函数，由对称性知：

$$C_1=0,\ C_4=0$$

即：

$$\frac{\phi}{r}=C_2\cos\varphi+C_3\varphi\sin\varphi-\frac{\iint\alpha T(x,\ y)y\mathrm{d}A}{I_x} \tag{7}$$

将式（7）代入式（1），得：

$$\frac{\mathrm{d}^2v}{r^2\mathrm{d}\varphi^2}=C_3\varphi\sin\varphi+C_2\cos\varphi-\frac{GI_k}{EI_x+GI_k}2C_3\cos\varphi \tag{8}$$

回代入式（1），得：

$$\begin{aligned}\frac{v}{r^2}=&-C_3\varphi\sin\varphi-2C_3\cos\varphi-C_2\cos\varphi\\&+\frac{GI_k}{EI_x+GI_k}2C_3\cos\varphi+C_5\varphi+C_6\end{aligned} \tag{9}$$

由对称性知：

$$C_5=0$$

将式（9）代入边界条件（5），可得：

$$EI_x\left\{\begin{array}{l}C_3\dfrac{\varphi_0}{2}\sin\dfrac{\varphi_0}{2}+C_2\cos\dfrac{\varphi_0}{2}-\dfrac{GI_t}{EI_x+GI_t}2C_3\cos\dfrac{\varphi_0}{2}\\-C_2\cos\dfrac{\varphi_0}{2}-C_3\dfrac{\varphi_0}{2}\sin\dfrac{\varphi_0}{2}\end{array}\right\}=0\Rightarrow C_3=0 \tag{10}$$

由结构的边界条件：

$$v\left(-\frac{\varphi_0}{2}\right)=0,\ v\left(\frac{\varphi_0}{2}\right)=0,\ \phi\left(-\frac{\varphi_0}{2}\right)=0,\ \phi\left(\frac{\varphi_0}{2}\right)=0$$

将式（7）、式（9）、式（10）代入结构的边界条件，得：

$$C_2\cos\frac{\varphi_0}{2}-\frac{\iint\alpha T(x,\ y)y\mathrm{d}A}{I_x}=0\Rightarrow C_2=\frac{\iint\alpha T(x,\ y)y\mathrm{d}A}{I_x\cos\dfrac{\varphi_0}{2}}$$

$$-C_2\cos\frac{\varphi_0}{2}+C_6=0\Rightarrow C_6=\frac{\iint\alpha T(x,\ y)y\mathrm{d}A}{I_x}$$

综上可得：

$$\frac{v}{r^2}=\frac{\iint\alpha T(x,\ y)y\mathrm{d}A}{I_x}\left[1-\frac{\cos\varphi}{\cos(\varphi_0/2)}\right] \tag{11}$$

$$\frac{\phi}{r}=\frac{\iint\alpha T(x,\ y)y\mathrm{d}A}{I_x}\left[\frac{\cos\varphi}{\cos(\varphi_0/2)}-1\right] \tag{12}$$

式（11）、式（12）即为忽略扭转翘曲时，一次超静定简支曲线等截面薄壁闭口箱梁的竖向挠度、扭转变形。即单跨超静定简支曲线梁在温度效应下，会产生竖向挠度 $v(\varphi)$ 和截面扭角 $\phi(\varphi)$，实际扭曲率（实际单位长度的扭转角）$\tau_z'=0$，而竖向的曲率 k_x 与直线梁承受相应温度荷载时一样，为：

$$k_x=\frac{\iint\alpha T(x,\ y)y\mathrm{d}A}{I_x}$$

3.1.3 多跨连续曲线梁

得到单跨超静定简支曲线梁在温度效应下的变形方程后，可以其为基本结构，根据力法方程得到多跨连续曲线梁的解。在这种结构中，广义力为各跨交点处的弯矩，以使下侧纤维受拉为正方向。广义位移为交点处的相对转角，在曲线梁中，转角以使竖向挠度 v 增加为正方向，大小为：

$$\delta=\frac{\mathrm{d}v}{\mathrm{d}z}=\frac{\mathrm{d}v}{r\mathrm{d}\varphi}$$

故温度效应下：

$$\delta_{1T} = \delta_{2T} = \cdots = \delta_{iT} = 2\frac{\mathrm{d}v}{r\mathrm{d}\varphi}\bigg|_{\varphi=\varphi_0/2}$$

$$= 2\frac{r\iint \alpha T(x,\ y)y\mathrm{d}A}{I_x}\tan\frac{\varphi_0}{2}$$

根据参考文献［62］，单跨超静定简支曲线梁在承受梁段单位弯矩时，在两个端点产生的转角为：

$$\theta_{BB} = -\theta_{AA} = \frac{r}{EI_x}\left[\frac{1+EI_x/GI_k}{2\sin\varphi_0}\left(\frac{\varphi_0}{\sin\varphi_0}-\cos\varphi_0\right)\right.$$

$$\left. -\frac{EI_x}{GI_k}\left(\frac{1}{\varphi_0}-\frac{\cos\varphi_0}{\sin\varphi_0}\right)\right]$$

$$\theta_{BA} = -\theta_{AB} = \frac{r}{EI_x}\left[\frac{1+EI_x/GI_k}{2\sin\varphi_0}\left(1-\frac{\varphi_0}{\tan\varphi_0}\right)\right.$$

$$\left. -\frac{EI_x}{GI_k}\left(\frac{1}{\sin\varphi_0}-\frac{1}{\varphi_0}\right)\right]$$

而 $n+1$ 跨连续曲线梁的力法方程为：

$$\begin{bmatrix} \delta_{11}^M & \cdots & \delta_{1n}^M \\ \vdots & \ddots & \vdots \\ \delta_{n1}^M & \cdots & \delta_{nn}^M \end{bmatrix}\begin{pmatrix} M_1 \\ \vdots \\ M_n \end{pmatrix} + \begin{pmatrix} \delta_{1T} \\ \vdots \\ \delta_{nT} \end{pmatrix} = \begin{pmatrix} 0 \\ \vdots \\ 0 \end{pmatrix}$$

并且，根据几何知识：

$$\delta_{11} = \delta_{22} = \cdots = \delta_{ii} = 2\theta_{BB}$$

$$\delta_{12} = \delta_{21} = \delta_{23} = \delta_{32}\cdots = \delta_{i,\ i+1} = \delta_{i+1,\ i} = \theta_{BA}$$

$$\delta_{ij}(i\neq j,\ i\neq j+1,\ i\neq j-1) = 0$$

利用以上式子可以计算超静定结构各支座处的温度次反力。容易通过力的平衡条件得到单跨超静定简支曲线梁在温度荷载下不产生支座反力，故超静定结构的支座反力即为赘余力所产生的。截面的应力为梁各纤维温度变形受约束所产生的温度自应力与赘余力所产生的温度次应力的叠加。结构的变形为基本结构的变形与赘余力造成的变形的线性叠加。

3.2　分析曲线梁的温度效应（考虑翘曲效应）

薄壁闭合截面曲线梁的扭转理论相对于不考虑翘曲效应时主要添加了另外的翘曲函数 β'_z 与 f'_z。

3.2.1　基本假定

分析薄壁闭口箱形截面曲线梁的温度效应，采用如下基本假设：

（1）翘曲应变能仅与竖向弯曲的线应变能综合考虑；

（2）曲线箱梁的应变及应变曲率按小曲率曲梁考虑，变形处于小变形范围内；

（3）曲线梁变形后横截面的形状保持不变，不考虑畸变；

（4）温度沿梁轴向不发生变化，而仅在横截面上存在 $T(x,y)$ 的分布；

（5）不考虑扭转产生的结构水平向的位移。

相较于纯扭转理论的分析，该理论分析未采用平截面假定，而代之以另外的翘曲函数 β'_z 与 f'_z。

3.2.2　基本结构竖向挠度与扭角的解

根据参考文献［63］～［66］，曲线梁竖向弯曲、扭转和翘曲的几何方程为：

$$k_x = \frac{\mathrm{d}^2 v}{\mathrm{d}z^2} - \frac{\phi}{r} = \frac{\mathrm{d}^2 v}{r^2 \mathrm{d}\varphi^2} - \frac{\phi}{r}$$

$$\tau'_z = \frac{\mathrm{d}\tau}{\mathrm{d}z} = \frac{\mathrm{d}\phi}{\mathrm{d}z} + \frac{\mathrm{d}v}{r\mathrm{d}z} = \frac{\mathrm{d}\phi}{r\mathrm{d}\varphi} + \frac{\mathrm{d}v}{r^2 \mathrm{d}\varphi}$$

$$f'_z = \frac{\mathrm{d}f}{\mathrm{d}z} = \frac{\mathrm{d}\beta}{r\mathrm{d}\varphi} + \frac{\mathrm{d}v}{r\mathrm{d}z} = \frac{\mathrm{d}\beta}{r\mathrm{d}\varphi} + \frac{\mathrm{d}v}{r^2 \mathrm{d}\varphi}$$

其中，k_x 为竖向弯曲曲率；τ'_z 为折算扭曲率，即单位长度的扭转角；f_z' 为与 τ_z' 对应的闭合截面翘曲函数；υ 为竖向挠度；ϕ 为截面扭角；$\beta_\varphi' = \dfrac{\mathrm{d}\beta}{\mathrm{d}\varphi}$ 为与 $\phi_\varphi' = \dfrac{\mathrm{d}\phi}{\mathrm{d}\varphi}$ 对应的闭合截面翘曲函数；φ 为曲线梁圆心角坐标；r 为圆曲线梁对应半径。

物理方程为：

$$M_x = -EI_x k_x$$
$$T_s = GI_k \tau_z'$$
$$T_\omega = G(I_\rho - I_k)(\tau_z' - f_z')$$
$$B = -EI_{\tilde{\omega}} f_{zz}''$$

且总扭矩 $T = T_s + T_\omega$。

其中，M_x 为 x 轴方向的弯矩，T_s 为纯扭转扭矩，T_ω 为翘曲扭转扭矩，B 为翘曲双力矩，I_x 为 x 轴方向的截面抗弯惯性矩，I_k 为截面纯扭转常数，I_ρ 为截面极惯性矩，$I_{\tilde{\omega}}$ 为截面翘曲惯性矩，E 为弹性模量，G 为切变模量。

考虑一根对应圆心角为 φ_0 的曲线等截面梁。当不忽略截面翘曲时，结构的势能为：

$$W = \frac{1}{2} EI_x \int_{-\varphi_0/2}^{\varphi_0/2} k_x{}^2 r \mathrm{d}\varphi + \frac{1}{2} GI_k \int_{-\varphi_0/2}^{\varphi_0/2} \tau_z'{}^2 r \mathrm{d}\varphi$$

$$+ \frac{1}{2} G(I_\rho - I_k) \int_{-\varphi_0/2}^{\varphi_0/2} (\tau_z' - f_z')^2 r \mathrm{d}\varphi$$

$$+ \frac{1}{2} EI_{\tilde{\omega}} \int_{-\varphi_0/2}^{\varphi_0/2} f_{zz}''{}^2 r \mathrm{d}\varphi - E \int_{-\varphi_0/2}^{\varphi_0/2} \left\{ \iint \alpha T(x, y) \right.$$

$$\left. \times (k_x y - f_{zz}'' \tilde{\omega}) \mathrm{d}A \right\} r \mathrm{d}\varphi$$

其中，α 为热膨胀系数。

公式前 4 项为应变能，第 5 项为温度荷载势能。由势能最低原理，可能的变形是使得势能达到驻值的变形。需要 $\upsilon(\varphi)$、$\tau(\varphi)$ 和 $f(\varphi)$［或 $\upsilon(\varphi)$、$\phi(\varphi)$ 和 $\beta(\varphi)$］函数曲线使得应变能 W 取到极小值，令 $\delta W = 0$，则：

$$\delta W = EI_x \int_{-\varphi_0/2}^{\varphi_0/2} \left(\frac{\mathrm{d}^2 v}{r^2 \mathrm{d}\varphi^2} - \frac{\phi}{r} \right) \left(\frac{\mathrm{d}^2 \delta v}{r^2 \mathrm{d}\varphi^2} - \frac{\delta\phi}{r} \right) r \mathrm{d}\varphi$$

$$+ GI_k \int_{-\varphi_0/2}^{\varphi_0/2} \left(\frac{\mathrm{d}\phi}{r\mathrm{d}\varphi} + \frac{\mathrm{d}v}{r^2\mathrm{d}\varphi} \right) \left(\frac{\mathrm{d}\delta\phi}{r\mathrm{d}\varphi} + \frac{\mathrm{d}\delta v}{r^2\mathrm{d}\varphi} \right) r \mathrm{d}\varphi$$

$$+ G(I_\rho - I_k) \int_{-\varphi_0/2}^{\varphi_0/2} \left(\frac{\mathrm{d}\phi}{r\mathrm{d}\varphi} - \frac{\mathrm{d}\beta}{r\mathrm{d}\varphi} \right) \left(\frac{\mathrm{d}\delta\phi}{r\mathrm{d}\varphi} - \frac{\mathrm{d}\delta\beta}{r\mathrm{d}\varphi} \right) r \mathrm{d}\varphi$$

$$+ EI_{\widetilde{\omega}} \int_{-\varphi_0/2}^{\varphi_0/2} \left(\frac{\mathrm{d}^2\beta}{r^2\mathrm{d}\varphi^2} + \frac{\mathrm{d}^2 v}{r^3\mathrm{d}\varphi^2} \right) \left(\frac{\mathrm{d}^2\delta\beta}{r^2\mathrm{d}\varphi^2} + \frac{\mathrm{d}^2\delta v}{r^3\mathrm{d}\varphi^2} \right) r \mathrm{d}\varphi$$

$$- E \left[\iint \alpha T(x, y) y \mathrm{d}A \right] \int_{-\varphi_0/2}^{\varphi_0/2} \left(\frac{\mathrm{d}^2\delta v}{r^2\mathrm{d}\varphi^2} - \frac{\delta\phi}{r} \right) r \mathrm{d}\varphi$$

$$+ E \left[\iint \alpha T(x, y) \widetilde{\omega} \mathrm{d}A \right] \int_{-\varphi_0/2}^{\varphi_0/2} \left(\frac{\mathrm{d}^2\delta\beta}{r^2\mathrm{d}\varphi^2} + \frac{\mathrm{d}^2\delta v}{r^3\mathrm{d}\varphi^2} \right) r \mathrm{d}\varphi = 0$$

$$\delta W = \int_{-\varphi_0/2}^{\varphi_0/2} \left[\begin{matrix} EI_x \left(\dfrac{\mathrm{d}^4 v}{r^2\mathrm{d}\varphi^4} - \dfrac{\mathrm{d}^2\phi}{r\mathrm{d}\varphi^2} \right) - GI_k \left(\dfrac{\mathrm{d}^2\phi}{r\mathrm{d}\varphi^2} + \dfrac{\mathrm{d}^2 v}{r^2\mathrm{d}\varphi^2} \right) \\ + \dfrac{EI_{\widetilde{\omega}}}{r^2} \left(\dfrac{\mathrm{d}^4\beta}{r\mathrm{d}\varphi^4} + \dfrac{\mathrm{d}^4 v}{r^2\mathrm{d}\varphi^4} \right) \end{matrix} \right] \frac{\delta v}{r} \mathrm{d}\varphi$$

$$+ \int_{-\varphi_0/2}^{\varphi_0/2} \left\{ \begin{matrix} E \left[\iint \alpha T(x, y) y \mathrm{d}A \right] - EI_x \left(\dfrac{\mathrm{d}^2 v}{r^2\mathrm{d}\varphi^2} - \dfrac{\phi}{r} \right) \\ - GI_k \left(\dfrac{\mathrm{d}^2\phi}{r\mathrm{d}\varphi^2} + \dfrac{\mathrm{d}^2 v}{r^2\mathrm{d}\varphi^2} \right) - G(I_\rho - I_k) \left(\dfrac{\mathrm{d}^2\phi}{r\mathrm{d}\varphi^2} - \dfrac{\mathrm{d}^2\beta}{r\mathrm{d}\varphi^2} \right) \end{matrix} \right\} \delta\phi \mathrm{d}\varphi$$

$$+ \int_{-\varphi_0/2}^{\varphi_0/2} \left[G(I_\rho - I_k) \left(\frac{\mathrm{d}^2\phi}{r\mathrm{d}\varphi^2} - \frac{\mathrm{d}^2\beta}{r\mathrm{d}\varphi^2} \right) + \frac{EI_{\widetilde{\omega}}}{r^2} \left(\frac{\mathrm{d}^4\beta}{r\mathrm{d}\varphi^4} + \frac{\mathrm{d}^4 v}{r^2\mathrm{d}\varphi^4} \right) \right] \delta\beta \mathrm{d}\varphi$$

$$+ \left[\begin{matrix} EI_x \left(\dfrac{\mathrm{d}^2 v}{r^2\mathrm{d}\varphi^2} - \dfrac{\phi}{r} \right) + \dfrac{EI_{\widetilde{\omega}}}{r^2} \left(\dfrac{\mathrm{d}^2\beta}{r\mathrm{d}\varphi^2} + \dfrac{\mathrm{d}^2 v}{r^2\mathrm{d}\varphi^2} \right) \\ - E \left[\iint \alpha T(x, y) y \mathrm{d}A \right] + \dfrac{E}{r} \iint \alpha T(x, y) \widetilde{\omega} \mathrm{d}A \end{matrix} \right] \frac{\mathrm{d}\delta v}{r\mathrm{d}\varphi} \Bigg|_{-\varphi_0/2}^{\varphi_0/2}$$

$$+\left[\begin{array}{l}GI_k\left(\dfrac{\mathrm{d}\phi}{r\mathrm{d}\varphi}+\dfrac{\mathrm{d}v}{r^2\mathrm{d}\varphi}\right)-EI_x\left(\dfrac{\mathrm{d}^3v}{r^2\mathrm{d}\varphi^3}-\dfrac{\mathrm{d}\phi}{r\mathrm{d}\varphi}\right)\\-\dfrac{EI_{\tilde\omega}}{r^2}\left(\dfrac{\mathrm{d}^3\beta}{r\mathrm{d}\varphi^3}+\dfrac{\mathrm{d}^3v}{r^2\mathrm{d}\varphi^3}\right)\end{array}\right]\dfrac{\delta v}{r}\Bigg|_{-\varphi_0/2}^{\varphi_0/2}=0$$

$$+\left[GI_k\left(\dfrac{\mathrm{d}\phi}{r\mathrm{d}\varphi}+\dfrac{\mathrm{d}v}{r^2\mathrm{d}\varphi}\right)+G(I_\rho-I_k)\left(\dfrac{\mathrm{d}\phi}{r\mathrm{d}\varphi}-\dfrac{\mathrm{d}\beta}{r\mathrm{d}\varphi}\right)\right]\delta\phi\Big|_{-\varphi_0/2}^{\varphi_0/2}$$

$$+\left\{\dfrac{EI_{\tilde\omega}}{r}\left(\dfrac{\mathrm{d}^2\beta}{r\mathrm{d}\varphi^2}+\dfrac{\mathrm{d}^2v}{r^2\mathrm{d}\varphi^2}\right)+E\iint\alpha T(x,\ y)\tilde\omega\mathrm{d}A\right\}\dfrac{\mathrm{d}\delta\beta}{r\mathrm{d}\varphi}\Bigg|_{-\varphi_0/2}^{\varphi_0/2}$$

$$+\left[\begin{array}{l}-G(I_\rho-I_k)\left(\dfrac{\mathrm{d}\phi}{r\mathrm{d}\varphi}-\dfrac{\mathrm{d}\beta}{r\mathrm{d}\varphi}\right)\\-\dfrac{EI_{\tilde\omega}}{r^2}\left(\dfrac{\mathrm{d}^3\beta}{r\mathrm{d}\varphi^3}+\dfrac{\mathrm{d}^3v}{r^2\mathrm{d}\varphi^3}\right)\end{array}\right]\delta\beta\Big|_{-\varphi_0/2}^{\varphi_0/2}=0$$

故：

$$\begin{array}{l}EI_x\left(\dfrac{\mathrm{d}^4v}{r^2\mathrm{d}\varphi^4}-\dfrac{\mathrm{d}^2\phi}{r\mathrm{d}\varphi^2}\right)-GI_k\left(\dfrac{\mathrm{d}^2\phi}{r\mathrm{d}\varphi^2}+\dfrac{\mathrm{d}^2v}{r^2\mathrm{d}\varphi^2}\right)\\[4mm]\quad+\dfrac{EI_{\tilde\omega}}{r^2}\left(\dfrac{\mathrm{d}^4\beta}{r\mathrm{d}\varphi^4}+\dfrac{\mathrm{d}^4v}{r^2\mathrm{d}\varphi^4}\right)=0\end{array} \tag{13}$$

$$\begin{array}{l}E\iint\alpha T(x,\ y)\times k_xy\mathrm{d}A-EI_x\left(\dfrac{\mathrm{d}^2v}{r^2\mathrm{d}\varphi^2}-\dfrac{\phi}{r}\right)\\[4mm]-GI_k\left(\dfrac{\mathrm{d}^2\phi}{r\mathrm{d}\varphi^2}+\dfrac{\mathrm{d}^2v}{r^2\mathrm{d}\varphi^2}\right)-G(I_\rho-I_k)\left(\dfrac{\mathrm{d}^2\phi}{r\mathrm{d}\varphi^2}-\dfrac{\mathrm{d}^2\beta}{r\mathrm{d}\varphi^2}\right)=0\end{array} \tag{14}$$

$$G(I_\rho-I_k)\left(\dfrac{\mathrm{d}^2\phi}{r\mathrm{d}\varphi^2}-\dfrac{\mathrm{d}^2\beta}{r\mathrm{d}\varphi^2}\right)+\dfrac{EI_{\tilde\omega}}{r^2}\left(\dfrac{\mathrm{d}^4\beta}{r\mathrm{d}\varphi^4}+\dfrac{\mathrm{d}^4v}{r^2\mathrm{d}\varphi^4}\right)=0 \tag{15}$$

边界条件：

$$\left[\begin{array}{l}EI_x\left(\dfrac{\mathrm{d}^2v}{r^2\mathrm{d}\varphi^2}-\dfrac{\phi}{r}\right)+\dfrac{EI_{\tilde\omega}}{r^2}\left(\dfrac{\mathrm{d}^2\beta}{r\mathrm{d}\varphi^2}+\dfrac{\mathrm{d}^2v}{r^2\mathrm{d}\varphi^2}\right)\\-E\iint\alpha T(x,\ y)y\mathrm{d}A+\dfrac{E}{r}\iint\alpha T(x,\ y)\tilde\omega\mathrm{d}A\end{array}\right]\dfrac{\mathrm{d}\delta v}{r\mathrm{d}\varphi}\Bigg|_{-\varphi_0/2}^{\varphi_0/2}=0$$

$$\tag{16}$$

$$\left[GI_k\left(\frac{\mathrm{d}\phi}{r\mathrm{d}\varphi}+\frac{\mathrm{d}v}{r^2\mathrm{d}\varphi}\right)-EI_x\left(\frac{\mathrm{d}^3v}{r^2\mathrm{d}\varphi^3}-\frac{\mathrm{d}\phi}{r\mathrm{d}\varphi}\right)\\ -\frac{EI_{\widetilde{\omega}}}{r^2}\left(\frac{\mathrm{d}^3\beta}{r\mathrm{d}\varphi^3}+\frac{\mathrm{d}^3v}{r^2\mathrm{d}\varphi^3}\right) \right]\frac{\delta v}{r}\Big|_{-\varphi_0/2}^{\varphi_0/2}=0 \quad (17)$$

$$\left[GI_k\left(\frac{\mathrm{d}\phi}{r\mathrm{d}\varphi}+\frac{\mathrm{d}v}{r^2\mathrm{d}\varphi}\right)+G(I_\rho-I_k)\left(\frac{\mathrm{d}\phi}{r\mathrm{d}\varphi}-\frac{\mathrm{d}\beta}{r\mathrm{d}\varphi}\right) \right]\delta\phi\,\Big|_{-\varphi_0/2}^{\varphi_0/2}=0$$

$$(18)$$

$$\left\{ \frac{EI_{\widetilde{\omega}}}{r}\left(\frac{\mathrm{d}^2\beta}{r\mathrm{d}\varphi^2}+\frac{\mathrm{d}^2v}{r^2\mathrm{d}\varphi^2}\right)+E\left[\iint\alpha T(x,\ y)\widetilde{\omega}\mathrm{d}A\right] \right\}\frac{\mathrm{d}\delta\beta}{r\mathrm{d}\varphi}\Big|_{-\varphi_0/2}^{\varphi_0/2}=0$$

$$(19)$$

$$\left[-G(I_\rho-I_k)\left(\frac{\mathrm{d}\phi}{r\mathrm{d}\varphi}-\frac{\mathrm{d}\beta}{r\mathrm{d}\varphi}\right)-\frac{EI_{\widetilde{\omega}}}{r^2}\left(\frac{\mathrm{d}^3\beta}{r\mathrm{d}\varphi^3}+\frac{\mathrm{d}^3v}{r^2\mathrm{d}\varphi^3}\right) \right]\delta\beta\,\Big|_{-\varphi_0/2}^{\varphi_0/2}=0$$

$$(20)$$

采用 τ、f 来表示变分符号前的式子以方便计算，得到：

$$EI_x\left(\frac{\mathrm{d}^4v}{r^2\mathrm{d}\varphi^4}+\frac{\mathrm{d}^2v}{r^2\mathrm{d}\varphi^2}-\frac{\mathrm{d}^2\tau}{r\mathrm{d}\varphi^2}\right)-GI_k\frac{\mathrm{d}^2\tau}{r\mathrm{d}\varphi^2}+\frac{EI_{\widetilde{\omega}}}{r^2}\frac{\mathrm{d}^4f}{r\mathrm{d}\varphi^4}=0$$

$$(21)$$

$$E\iint\alpha T(x,\ y)y\mathrm{d}A-EI_x\left(\frac{\mathrm{d}^2v}{r^2\mathrm{d}\varphi^2}+\frac{v}{r^2}-\frac{\tau}{r}\right)\\ -GI_k\frac{\mathrm{d}^2\tau}{r\mathrm{d}\varphi^2}-G(I_\rho-I_k)\left(\frac{\mathrm{d}^2\tau}{r\mathrm{d}\varphi^2}-\frac{\mathrm{d}^2f}{r\mathrm{d}\varphi^2}\right)=0$$

$$(22)$$

$$G(I_\rho-I_k)\left(\frac{\mathrm{d}^2\tau}{r\mathrm{d}\varphi^2}-\frac{\mathrm{d}^2f}{r\mathrm{d}\varphi^2}\right)+\frac{EI_{\widetilde{\omega}}}{r^2}\frac{\mathrm{d}^4f}{r\mathrm{d}\varphi^4}=0 \quad (23)$$

边界条件：

$$\left[EI_x\left(\frac{\mathrm{d}^2v}{r^2\mathrm{d}\varphi^2}+\frac{v}{r^2}-\frac{\tau}{r}\right)+\frac{EI_{\widetilde{\omega}}}{r^2}\frac{\mathrm{d}^2f}{r\mathrm{d}\varphi^2}\\ -E\iint\alpha T(x,\ y)y\mathrm{d}A+\frac{E}{r}\iint\alpha T(x,\ y)\widetilde{\omega}\mathrm{d}A \right]\frac{\mathrm{d}\delta v}{r\mathrm{d}\varphi}\Big|_{-\varphi_0/2}^{\varphi_0/2}=0$$

$$(24)$$

$$\left[GI_k\frac{\mathrm{d}\tau}{r\mathrm{d}\varphi}-EI_x\left(\frac{\mathrm{d}^3v}{r^2\mathrm{d}\varphi^3}+\frac{\mathrm{d}v}{r^2\mathrm{d}\varphi}-\frac{\mathrm{d}\tau}{r\mathrm{d}\varphi}\right)-\frac{EI_{\widetilde{\omega}}}{r^2}\frac{\mathrm{d}^4f}{r\mathrm{d}\varphi^4} \right]\frac{\delta v}{r}\Big|_{-\varphi_0/2}^{\varphi_0/2}=0$$

$$(25)$$

基于 GPRS 的混凝土弯箱梁桥温度效应研究
Research on temperature effect of concrete curved box girder bridge based on GPRS

$$\left[GI_k \frac{\mathrm{d}\tau}{r\mathrm{d}\varphi} + G(I_\rho - I_k)\left(\frac{\mathrm{d}\tau}{r\mathrm{d}\varphi} - \frac{\mathrm{d}f}{r\mathrm{d}\varphi} \right) \right] \delta\phi \Big|_{-\varphi_0/2}^{\varphi_0/2} = 0 \quad (26)$$

$$\left\{ \frac{EI_{\tilde{\omega}}}{r} \frac{\mathrm{d}^2 f}{r\mathrm{d}\varphi^2} + E \iint \alpha T(x, y)\tilde{\omega}\mathrm{d}A \right\} \frac{\mathrm{d}\delta\beta}{r\mathrm{d}\varphi} \Big|_{-\varphi_0/2}^{\varphi_0/2} = 0 \quad (27)$$

$$\left[-G(I_\rho - I_k)\left(\frac{\mathrm{d}\tau}{r\mathrm{d}\varphi} - \frac{\mathrm{d}f}{r\mathrm{d}\varphi} \right) - \frac{EI_{\tilde{\omega}}}{r^2} \frac{\mathrm{d}^3\tau}{\mathrm{d}\varphi^3} \right] \delta\beta \Big|_{-\varphi_0/2}^{\varphi_0/2} = 0 \quad (28)$$

现考虑单跨一次超静定简支曲线等截面梁，它的扭矩反力是超静定的。在 $\varphi = \pm \dfrac{\varphi_0}{2}$ 处，有 $\delta\phi = 0$，$\delta v = 0$。故边界条件（25）（26）自然满足。

由式（22）得：

$$EI_x \left(\frac{\mathrm{d}^2 v}{r^2 \mathrm{d}\varphi^2} + \frac{v}{r^2} \right) = E \iint \alpha T(x, y)y\mathrm{d}A \Big]$$
$$+ EI_x \frac{\tau}{r} - GI_\rho \frac{\mathrm{d}^2\tau}{r\mathrm{d}\varphi^2} + G(I_\rho - I_k)\frac{\mathrm{d}^2 f}{r\mathrm{d}\varphi^2} \quad (29)$$

代式（29）入式（21），得：

$$\left[G(I_\rho - I_k) + \frac{EI_{\tilde{\omega}}}{r^2} \right] \frac{\mathrm{d}^4 f}{r\mathrm{d}\varphi^4} = GI_\rho \frac{\mathrm{d}^4\tau}{r\mathrm{d}\varphi^4} + GI_k \frac{\mathrm{d}^2\tau}{r\mathrm{d}\varphi^2} \quad (30)$$

由式（23）得：

$$\frac{\mathrm{d}^2\tau}{r\mathrm{d}\varphi^2} = \frac{\mathrm{d}^2 f}{r\mathrm{d}\varphi^2} - \frac{EI_{\tilde{\omega}}}{r^2 G(I_\rho - I_k)} \frac{\mathrm{d}^4 f}{r\mathrm{d}\varphi^4} \quad (31)$$

代式（31）入式（30），整理得：

$$-\frac{GI_\rho EI_{\tilde{\omega}}}{r^2} \frac{\mathrm{d}^6 f}{r\mathrm{d}\varphi^6} + \left[GI_k G(I_\rho - I_k) - GI_\rho \frac{EI_{\tilde{\omega}}}{r^2} \right] \frac{\mathrm{d}^4 f}{r\mathrm{d}\varphi^4}$$
$$+ G(I_\rho - I_k)GI_k \frac{\mathrm{d}^2 f}{r\mathrm{d}\varphi^2} = 0$$

$$(32)$$

该微分方程的特征方程为：

$$\left[x^2 + 1 \right] \left[\frac{GI_\rho EI_{\tilde{\omega}}}{r^2} x^2 - G(I_\rho - I_k)GI_k \right] = 0$$

解得：

$$x_1 = i, \ x_2 = -i, \ x_3 = \sqrt{\frac{r^2 G(I_\rho - I_k)GI_k}{EI_{\widetilde{\omega}}GI_\rho}},$$

$$x_4 = -\sqrt{\frac{r^2 G(I_\rho - I_k)GI_k}{EI_{\widetilde{\omega}}GI_\rho}}$$

故式（32）解得：

$$\frac{\mathrm{d}^2 f}{\mathrm{d}\varphi^2} = C_1 \cos\varphi + C_2 \sin\varphi + C_3 \cosh k\varphi + C_4 \sinh k\varphi \qquad (33)$$

因此：

$$f = -C_1 \cos\varphi - C_2 \sin\varphi + \frac{1}{k^2}C_3 \cosh k\varphi$$

$$+ \frac{1}{k^2}C_4 \sinh k\varphi + C_5 \varphi + C_6 \qquad (34)$$

其中：

$$k = \sqrt{\frac{r^2 G(I_\rho - I_k)GI_k}{EI_{\widetilde{\omega}}GI_\rho}}$$

因为对称结构在对称温度荷载下有对称的受力与变形，故 f 是偶函数，由对称性知：

$$C_2 = 0, \ C_4 = 0, \ C_5 = 0 \qquad (35)$$

将式（34）代入式（31），得：

$$\frac{\mathrm{d}^2 \tau}{\mathrm{d}\varphi^2} = \left[1 + \frac{EI_{\widetilde{\omega}}}{r^2 G(I_\rho - I_k)}\right](C_1 \cos\varphi + C_2 \sin\varphi)$$

$$+ \left(1 - \frac{I_k}{I_\rho}\right)(C_3 \cosh k\varphi + C_4 \sinh k\varphi) \qquad (36)$$

解得：

$$\tau = -\left[1 + \frac{EI_{\widetilde{\omega}}}{r^2 G(I_\rho - I_k)}\right](C_1 \cos\varphi + C_2 \sin\varphi)$$

$$+ \frac{1}{k^2}\left(1 - \frac{I_k}{I_\rho}\right)(C_3 \cosh k\varphi + C_4 \sinh k\varphi) + C_7 \varphi + C_8$$

$$(37)$$

因为对称结构在对称温度荷载下有对称的受力与变形，故 τ 是偶函数，由对称性知：

基于 GPRS 的混凝土弯箱梁桥温度效应研究
Research on temperature effect of concrete curved box girder bridge based on GPRS

$$C_2 = 0, \ C_4 = 0, \ C_7 = 0 \tag{38}$$

将式（34）、式（37）式代入式（22），得：

$$
\begin{aligned}
\frac{\mathrm{d}^2 v}{r \mathrm{d}\varphi^2} + \frac{v}{r} = {} & \frac{r \iint \alpha T(x, \ y) y \mathrm{d}A}{I_x} \\
& - \left[1 + \frac{EI_{\tilde{\omega}}}{r^2 G(I_\rho - I_k)} \right] (C_1 \cos\varphi + C_2 \sin\varphi) \\
& + \left(1 - \frac{I_k}{I_\rho} \right) \left(\frac{C_3}{k^2} \cosh k\varphi + \frac{C_4}{k^2} \sinh k\varphi \right) + C_7 \varphi + C_8 \\
& - \frac{GI_\rho}{EI_x} \left\{ \begin{aligned} & \left[1 + \frac{EI_{\tilde{\omega}}}{r^2 G(I_\rho - I_k)} \right] (C_1 \cos\varphi + C_2 \sin\varphi) \\ & + \left(1 - \frac{I_k}{I_\rho} \right)(C_3 \cosh k\varphi + C_4 \sinh k\varphi) \end{aligned} \right\} \\
& + \frac{G(I_\rho - I_k)}{EI_x}(C_1 \cos\varphi + C_2 \sin\varphi \\
& + C_3 \cosh k\varphi + C_4 \sinh k\varphi)
\end{aligned}
$$

整理并解得：

$$
\begin{aligned}
\frac{v}{r} = {} & C_9 \cos\varphi + C_{10} \sin\varphi \\
& + \left\{ \frac{G(I_\rho - I_k)}{EI_x} - \left(\frac{GI_\rho}{EI_x} + 1 \right) \left[1 + \frac{EI_{\tilde{\omega}}}{r^2 G(I_\rho - I_k)} \right] \right\} \\
& \left(\frac{1}{2} C_1 \varphi \sin\varphi - \frac{1}{2} C_2 \varphi \cos\varphi \right) \tag{39} \\
& + \frac{1}{k^2(1+k^2)} \left(1 - \frac{I_k}{I_\rho} \right)(C_3 \cosh k\varphi + C_4 \sinh k\varphi) \\
& + \frac{r \iint \alpha T(x, \ y) y \mathrm{d}A}{I_x} + C_7 \varphi + C_8
\end{aligned}
$$

因为对称结构在对称温度荷载下有对称的受力与变形，故 v 是偶函数，由对称性知：

$$C_2 = 0, \ C_4 = 0, \ C_7 = 0, \ C_{10} = 0 \tag{40}$$

整理式（34）、式（35）、式（37）～式（40）得：

$$f = -C_1\cos\varphi + \frac{1}{k^2}C_3\cosh k\varphi + C_6 \qquad (41)$$

$$\tau = -\left[1 + \frac{EI_{\tilde{\omega}}}{r^2 G(I_\rho - I_k)}\right]C_1\cos\varphi$$

$$+ \frac{1}{k^2}\left(1 - \frac{I_k}{I_\rho}\right)C_3\cosh k\varphi + C_8 \qquad (42)$$

$$\frac{v}{r} = C_9\cos\varphi + \left\{\frac{\dfrac{G(I_\rho - I_k)}{EI_x} - \left(\dfrac{GI_\rho}{EI_x} + 1\right)}{\left[1 + \dfrac{EI_{\tilde{\omega}}}{r^2 G(I_\rho - I_k)}\right]}\right\}\frac{1}{2}C_1\varphi\sin\varphi$$

$$+ \frac{1}{k^2(1+k^2)}\left(1 - \frac{I_k}{I_\rho}\right)C_3\cosh k\varphi$$

$$+ \frac{r\displaystyle\iint \alpha T(x,\ y)y\mathrm{d}A}{I_x} + C_8$$

$$(43)$$

考虑边界条件（24）（27）：

$$\left[\begin{array}{l}EI_x\left(\dfrac{\mathrm{d}^2 v}{r^2\mathrm{d}\varphi^2} + \dfrac{v}{r^2} - \dfrac{\tau}{r}\right) + \dfrac{EI_{\tilde{\omega}}}{r^2}\dfrac{\mathrm{d}^2 f}{r\mathrm{d}\varphi^2} \\ -E\displaystyle\iint \alpha T(x,y)y\mathrm{d}A + \dfrac{E}{r}\displaystyle\iint \alpha T(x,y)\tilde{\omega}\mathrm{d}A\end{array}\right]\dfrac{\mathrm{d}\delta v}{r\mathrm{d}\varphi}\bigg|_{-\varphi_0/2}^{\varphi_0/2} = 0$$

$$(24)$$

$$\left\{\frac{EI_{\tilde{\omega}}}{r}\frac{\mathrm{d}^2 f}{r\mathrm{d}\varphi^2} + E\left[\iint \alpha T(x,y)\tilde{\omega}\mathrm{d}A\right]\right\}\frac{\mathrm{d}\delta\beta}{r\mathrm{d}\varphi}\bigg|_{-\varphi_0/2}^{\varphi_0/2} = 0 \qquad (27)$$

将式（42）、式（43）、式（27）代入式（24），得：

$$-EI_x\left\{\frac{GI_k}{EI_x} + \frac{I_{\tilde{\omega}}I_\rho}{r^2(I_\rho - I_k)I_x}\right\}C_1\cos\frac{\varphi_0}{2} = 0$$

因为对于绝大多数截面，有：

$$\frac{GI_k}{EI_x} + \frac{I_{\tilde{\omega}}I_\rho}{r^2(I_\rho - I_k)I_x} \neq 0$$

故：

$$C_1 = 0 \qquad (44)$$

基于 GPRS 的混凝土弯箱梁桥温度效应研究
Research on temperature effect of concrete curved box girder bridge based on GPRS

将式（33）代入式（27），得：

$$\frac{EI_{\widetilde{\omega}}}{r^2}\Big(C_1\cos\frac{\varphi_0}{2}+C_3\cosh k\,\frac{\varphi_0}{2}\Big)+E\Big[\iint\alpha T(x,y)\widetilde{\omega}\mathrm{d}A\Big]=0$$

$$C_3=\frac{r^2\iint\alpha T(x,y)\widetilde{\omega}\mathrm{d}A}{I_{\widetilde{\omega}}\cosh k\,(\varphi_0/2)}\qquad(45)$$

由结构的边界条件：

$$v\Big(-\frac{\varphi_0}{2}\Big)=0,\ \ v\Big(\frac{\varphi_0}{2}\Big)=0,\ \ \phi\Big(-\frac{\varphi_0}{2}\Big)=0,$$

$$\phi\Big(\frac{\varphi_0}{2}\Big)=0,\ \ \tau\Big(-\frac{\varphi_0}{2}\Big)=0,\ \ \tau\Big(\frac{\varphi_0}{2}\Big)=0$$

由式（42）、式（44）、式（45），考虑结构的边界条件，得到：

$$C_8=-\frac{1}{k^2}\Big(1-\frac{I_k}{I_\rho}\Big)\frac{r^2\iint\alpha T(x,y)\widetilde{\omega}\mathrm{d}A}{I_{\widetilde{\omega}}}\qquad(46)$$

故：

$$\tau=\frac{1}{k^2}\Big(1-\frac{I_k}{I_\rho}\Big)\frac{r^2\iint\alpha T(x,y)\widetilde{\omega}\mathrm{d}A}{I_{\widetilde{\omega}}}\Big(\frac{\cosh k\varphi}{\cosh k\,(\varphi_0/2)}-1\Big)\quad(47)$$

由式（43）、式（44）、式（46），考虑结构的边界条件，得到：

$$C_9=\frac{1}{\cos(\varphi_0/2)}\left[\begin{array}{l}\Big(1-\dfrac{I_k}{I_\rho}\Big)\dfrac{r^2\iint\alpha T(x,y)\widetilde{\omega}\mathrm{d}A}{I_{\widetilde{\omega}}}\Big(\dfrac{1}{1+k^2}\Big)\\[3mm]-\dfrac{r\iint\alpha T(x,y)y\mathrm{d}A}{I_x}\end{array}\right]\qquad(48)$$

综上可得：

$$\frac{v}{r}=\Big(1-\frac{I_k}{I_\rho}\Big)\frac{r^2\iint\alpha T(x,y)\widetilde{\omega}\mathrm{d}A}{I_{\widetilde{\omega}}}\left|\begin{array}{l}\dfrac{1}{1+k^2}\dfrac{\cos\varphi}{\cos(\varphi_0/2)}\\[3mm]+\dfrac{1}{k^2}\dfrac{1}{1+k^2}\dfrac{\cosh k\varphi}{\cosh k\,(\varphi_0/2)}-\dfrac{1}{k^2}\end{array}\right|$$

$$+\frac{r\iint\alpha T(x,y)y\mathrm{d}A}{I_x}\Big(1-\frac{\cos\varphi}{\cos(\varphi_0/2)}\Big)\qquad(49)$$

且：

$$\phi = \tau - \frac{v}{r}$$

$$= \frac{1}{1+k^2}\left(1 - \frac{I_k}{I_\rho}\right)\frac{r^2\iint\alpha T(x,y)\widetilde{\omega}\mathrm{d}A}{I_{\widetilde{\omega}}}\left(\frac{\cosh k\varphi}{\cosh k(\varphi_0/2)} - \frac{\cos\varphi}{\cos(\varphi_0/2)}\right)$$

$$+ \frac{r\iint\alpha T(x,y)y\mathrm{d}A}{I_x}\left(\frac{\cos\varphi}{\cos(\varphi_0/2)} - 1\right) \tag{50}$$

以及具有实际意义的翘曲函数 f_z'：

$$\frac{\mathrm{d}f}{\mathrm{d}z} = \frac{\mathrm{d}f}{r\mathrm{d}\varphi} = \frac{r\iint\alpha T(x,y)\widetilde{\omega}\mathrm{d}A}{kI_{\widetilde{\omega}}\cosh k(\varphi_0/2)}\sinh k\varphi \tag{51}$$

式（47）、式（49）～式（51）即为考虑翘曲时，一次超静定简支曲线等截面薄壁闭口箱梁的竖向挠度、扭转及翘曲变形。

3.2.3 单跨简支超静定曲线梁两端翘曲函数的讨论

上一小节中的式（21）～式（28）中：

$$EI_x\left(\frac{\mathrm{d}^4v}{r^2\mathrm{d}\varphi^4} + \frac{\mathrm{d}^2v}{r^2\mathrm{d}\varphi^2} - \frac{\mathrm{d}^2\tau}{r\mathrm{d}\varphi^2}\right) - GI_k\frac{\mathrm{d}^2\tau}{r\mathrm{d}\varphi^2} + \frac{EI_{\widetilde{\omega}}}{r^2}\frac{\mathrm{d}^4f}{r\mathrm{d}\varphi^4} = 0$$

$$\tag{21}$$

$$E\iint\alpha T(x,y)y\mathrm{d}A - EI_x\left(\frac{\mathrm{d}^2v}{r^2\mathrm{d}\varphi^2} + \frac{v}{r^2} - \frac{\tau}{r}\right)$$

$$\tag{22}$$

$$- GI_k\frac{\mathrm{d}^2\tau}{r\mathrm{d}\varphi^2} - G(I_\rho - I_k)\left(\frac{\mathrm{d}^2\tau}{r\mathrm{d}\varphi^2} - \frac{\mathrm{d}^2f}{r\mathrm{d}\varphi^2}\right) = 0$$

$$G(I_\rho - I_k)\left(\frac{\mathrm{d}^2\tau}{r\mathrm{d}\varphi^2} - \frac{\mathrm{d}^2f}{r\mathrm{d}\varphi^2}\right) + \frac{EI_{\widetilde{\omega}}}{r^2}\frac{\mathrm{d}^4f}{r\mathrm{d}\varphi^4} = 0 \tag{23}$$

$$\left[\begin{array}{l}EI_x\left(\dfrac{\mathrm{d}^2v}{r^2\mathrm{d}\varphi^2} + \dfrac{v}{r^2} - \dfrac{\tau}{r}\right) + \dfrac{EI_{\widetilde{\omega}}}{r^2}\dfrac{\mathrm{d}^2f}{r\mathrm{d}\varphi^2}\\[2mm] - E\iint\alpha T(x,y)y\mathrm{d}A + \dfrac{E}{r}\iint\alpha T(x,y)\widetilde{\omega}\mathrm{d}A\end{array}\right]\dfrac{\mathrm{d}\delta v}{r\mathrm{d}\varphi}\Bigg|_{-\varphi_0/2}^{\varphi_0/2} = 0$$

$$\tag{24}$$

基于 GPRS 的混凝土弯箱梁桥温度效应研究
Research on temperature effect of concrete curved box girder bridge based on GPRS

$$\left[GI_k\frac{\mathrm{d}\tau}{r\mathrm{d}\varphi}-EI_x\left(\frac{\mathrm{d}^3v}{r^2\mathrm{d}\varphi^3}+\frac{\mathrm{d}v}{r^2\mathrm{d}\varphi}-\frac{\mathrm{d}\tau}{r\mathrm{d}\varphi}\right)-\frac{EI_{\widetilde{\omega}}}{r^2}\frac{\mathrm{d}^4f}{r\mathrm{d}\varphi^4}\right]\frac{\delta v}{r}\bigg|_{-\varphi_0/2}^{\varphi_0/2}=0$$

$$(25)$$

$$\left[GI_k\frac{\mathrm{d}\tau}{r\mathrm{d}\varphi}+G(I_\rho-I_k)\left(\frac{\mathrm{d}\tau}{r\mathrm{d}\varphi}-\frac{\mathrm{d}f}{r\mathrm{d}\varphi}\right)\right]\delta\phi\bigg|_{-\varphi_0/2}^{\varphi_0/2}=0 \quad (26)$$

$$\left\{\frac{EI_{\widetilde{\omega}}}{r}\frac{\mathrm{d}^2f}{r\mathrm{d}\varphi^2}+E\iint\alpha T(x,y)\widetilde{\omega}\mathrm{d}A\right\}\frac{\mathrm{d}\delta\beta}{r\mathrm{d}\varphi}\bigg|_{-\varphi_0/2}^{\varphi_0/2}=0 \quad (27)$$

$$\left[-G(I_\rho-I_k)\left(\frac{\mathrm{d}\tau}{r\mathrm{d}\varphi}-\frac{\mathrm{d}f}{r\mathrm{d}\varphi}\right)-\frac{EI_{\widetilde{\omega}}}{r^2}\frac{\mathrm{d}^3\tau}{r\mathrm{d}\varphi^3}\right]\delta\beta\bigg|_{-\varphi_0/2}^{\varphi_0/2}=0 \quad (28)$$

由于单跨一次超静定简支曲线等截面梁在 $\varphi=\pm\dfrac{\varphi_0}{2}$ 处，有 $\delta\phi=0$，$\delta v=0$，故边界条件（25）（26）自然满足，而在 $\varphi=\pm\dfrac{\varphi_0}{2}$ 处，由于简支处结构的竖向弯曲角度是未被约束的，必有 $\dfrac{\mathrm{d}\delta v}{r\mathrm{d}\varphi}=\delta\dfrac{\mathrm{d}v}{\mathrm{d}z}\neq0$，但 $\dfrac{\mathrm{d}\delta\beta}{r\mathrm{d}\varphi}$ 与 $\delta\beta$ 在 $\varphi=\pm\dfrac{\varphi_0}{2}$ 处是否为 0 不能简单地进行判断，尤其是温度效应的计算中，因为温度荷载作用下结构的变形不依赖于外力荷载。而在后面的计算中，采用了边界条件（24）（27）进行计算，即认为 $\dfrac{\mathrm{d}\delta v}{r\mathrm{d}\varphi}=\delta\dfrac{\mathrm{d}v}{\mathrm{d}z}\neq0$，$\dfrac{\mathrm{d}\delta\beta}{r\mathrm{d}\varphi}=\delta\dfrac{\mathrm{d}\beta}{r\mathrm{d}\varphi}\neq0$，$\delta\beta=0$。而如果采用式（24）、式（28）进行计算，即认为 $\dfrac{\mathrm{d}\delta v}{r\mathrm{d}\varphi}=\delta\dfrac{\mathrm{d}v}{\mathrm{d}z}\neq0$，$\dfrac{\mathrm{d}\delta\beta}{r\mathrm{d}\varphi}=\delta\dfrac{\mathrm{d}\beta}{r\mathrm{d}\varphi}=0$，$\delta\beta\neq0$，结果与上一节是矛盾的，因此判定 $\varphi=\pm\dfrac{\varphi_0}{2}$ 处 $\delta\beta$ 与 $\delta\beta'_z$ 的值是否为 0 是决定计算结果是否正确的一个关键点，因为 $\delta f=\delta\beta+\delta v/r$，因此该问题等价于判定 δf 与 $\delta f'_z$ 是否为 0。在本节中对这一问题进行了分析。

如果将结构的应变能直接采用 τ、f 来表示，并计算 δW，则有：

$$W = \frac{1}{2} EI_x \int_{-\varphi_0/2}^{\varphi_0/2} \left(\frac{\mathrm{d}^2 v}{r^2 \mathrm{d}\varphi^2} - \frac{1}{r}\left(\tau - \frac{v}{r}\right) \right)^2 r\mathrm{d}\varphi + \frac{1}{2} GI_k \int_{-\varphi_0/2}^{\varphi_0/2} \left(\frac{\mathrm{d}\tau}{r\mathrm{d}\varphi} \right)^2 r\mathrm{d}\varphi$$

$$+ \frac{1}{2} G(I_\rho - I_k) \int_{-\varphi_0/2}^{\varphi_0/2} \left(\frac{\mathrm{d}\tau}{r\mathrm{d}\varphi} - \frac{\mathrm{d}f}{r\mathrm{d}\varphi} \right)^2 r\mathrm{d}\varphi + \frac{1}{2} EI_{\tilde{\omega}} \int_{-\varphi_0/2}^{\varphi_0/2} \left(\frac{\mathrm{d}^2 f}{r^2 \mathrm{d}\varphi^2} \right)^2 r\mathrm{d}\varphi$$

$$- E \int_{-\varphi_0/2}^{\varphi_0/2} \left\{ \iint \alpha T(x,\ y) \times (k_x y - f''_{zz} \tilde{\omega}) \mathrm{d}A \right\} r\mathrm{d}\varphi$$

$$\delta W = EI_x \int_{-\varphi_0/2}^{\varphi_0/2} \left(\frac{v}{r^2} + \frac{\mathrm{d}^2 v}{r^2 \mathrm{d}\varphi^2} - \frac{\tau}{r} \right) \left(\frac{\delta v}{r^2} + \frac{\mathrm{d}^2 \delta v}{r^2 \mathrm{d}\varphi^2} - \frac{\delta \tau}{r} \right) r\mathrm{d}\varphi$$

$$+ GI_k \int_{-\varphi_0/2}^{\varphi_0/2} \left(\frac{\mathrm{d}\tau}{r\mathrm{d}\varphi} \right) \left(\frac{\mathrm{d}\delta\tau}{r\mathrm{d}\varphi} \right) r\mathrm{d}\varphi + G(I_\rho - I_k) \int_{-\varphi_0/2}^{\varphi_0/2} \left(\frac{\mathrm{d}\tau}{r\mathrm{d}\varphi} - \frac{\mathrm{d}f}{r\mathrm{d}\varphi} \right)$$

$$\left(\frac{\mathrm{d}\delta\tau}{r\mathrm{d}\varphi} - \frac{\mathrm{d}\delta f}{r\mathrm{d}\varphi} \right) r\mathrm{d}\varphi + EI_{\tilde{\omega}} \int_{-\varphi_0/2}^{\varphi_0/2} \left(\frac{\mathrm{d}^2 f}{r^2 \mathrm{d}\varphi^2} \right) \left(\frac{\mathrm{d}^2 \delta f}{r^2 \mathrm{d}\varphi^2} \right) r\mathrm{d}\varphi$$

$$- E\left[\iint \alpha T(x,y) y \mathrm{d}A \right] \int_{-\varphi_0/2}^{\varphi_0/2} \left(\frac{\delta v}{r^2} + \frac{\mathrm{d}^2 \delta v}{r^2 \mathrm{d}\varphi^2} - \frac{\delta \tau}{r} \right) r\mathrm{d}\varphi$$

$$+ E\left[\iint \alpha T(x,y) \tilde{\omega} \mathrm{d}A \right] \int_{-\varphi_0/2}^{\varphi_0/2} \left(\frac{\mathrm{d}^2 \delta f}{r^2 \mathrm{d}\varphi^2} \right) r\mathrm{d}\varphi$$

$$\delta W = \int_{-\varphi_0/2}^{\varphi_0/2} \left\{ EI_x \left(\frac{v}{r^2} + \frac{\mathrm{d}^2 v}{r^2 \mathrm{d}\varphi^2} - \frac{\tau}{r} + \frac{\mathrm{d}^2 v}{r^2 \mathrm{d}\varphi^2} + \frac{\mathrm{d}^4 v}{r^2 \mathrm{d}\varphi^4} - \frac{\mathrm{d}^2 \tau}{r\mathrm{d}\varphi^2} \right) \right.$$

$$\left. - E\left[\iint \alpha T(x,y) y \mathrm{d}A \right] \right\} \frac{\delta v}{r} \mathrm{d}\varphi + \int_{-\varphi_0/2}^{\varphi_0/2} \left\{ -EI_x \left(\frac{v}{r^2} + \frac{\mathrm{d}^2 v}{r^2 \mathrm{d}\varphi^2} - \frac{\tau}{r} \right) \right.$$

$$- GI_k \frac{\mathrm{d}^2 \tau}{r\mathrm{d}\varphi^2} - G(I_\rho - I_k) \left(\frac{\mathrm{d}^2 \tau}{r\mathrm{d}\varphi^2} - \frac{\mathrm{d}^2 f}{r\mathrm{d}\varphi^2} \right)$$

$$\left. + E\left[\iint \alpha T(x,y) y \mathrm{d}A \right] \right\} \delta\tau \mathrm{d}\varphi$$

$$+ \int_{-\varphi_0/2}^{\varphi_0/2} \left[G(I_\rho - I_k) \left(\frac{\mathrm{d}^2 \tau}{r\mathrm{d}\varphi^2} - \frac{\mathrm{d}^2 f}{r\mathrm{d}\varphi^2} \right) + \frac{EI_{\tilde{\omega}}}{r^2} \frac{\mathrm{d}^4 f}{r\mathrm{d}\varphi^4} \right] \delta f \mathrm{d}\varphi$$

$$+ \left\{ EI_x \left(\frac{v}{r^2} + \frac{\mathrm{d}^2 v}{r^2 \mathrm{d}\varphi^2} - \frac{\tau}{r} \right) - E\left[\iint \alpha T(x,y) y \mathrm{d}A \right] \right\} \frac{\mathrm{d}\delta v}{r\mathrm{d}\varphi} \Big|_{-\varphi_0/2}^{\varphi_0/2}$$

$$-EI_x\left(\frac{\mathrm{d}v}{r^2\mathrm{d}\varphi}+\frac{\mathrm{d}^3v}{r^2\mathrm{d}\varphi^3}-\frac{\mathrm{d}\tau}{r\mathrm{d}\varphi}\right)\frac{\delta v}{r}\bigg|_{-\varphi_0/2}^{\varphi_0/2}$$

$$+\left[GI_k\frac{\mathrm{d}\tau}{r\mathrm{d}\varphi}+G(I_\rho-I_k)\left(\frac{\mathrm{d}\tau}{r\mathrm{d}\varphi}-\frac{\mathrm{d}f}{r\mathrm{d}\varphi}\right)\right]\delta\tau\big|_{-\varphi_0/2}^{\varphi_0/2}$$

$$+\left\{\frac{EI_{\widetilde{\omega}}}{r}\frac{\mathrm{d}^2f}{r\mathrm{d}\varphi^2}+E\left[\iint\alpha T(x,y)\widetilde{\omega}\mathrm{d}A\right]\right\}\frac{\delta\delta f}{r\mathrm{d}\varphi}\bigg|_{-\varphi_0/2}^{\varphi_0/2}$$

$$+\left[\frac{EI_{\widetilde{\omega}}}{r^2}\left(\frac{\mathrm{d}^3f}{r\mathrm{d}\varphi^3}\right)-G(I_\rho-I_k)\left(\frac{\mathrm{d}\tau}{r\mathrm{d}\varphi}-\frac{\mathrm{d}f}{r\mathrm{d}\varphi}\right)\right]\delta f\big|_{-\varphi_0/2}^{\varphi_0/2}=0$$

故：

$$EI_x\left(\frac{v}{r^2}+\frac{\mathrm{d}^2v}{r^2\mathrm{d}\varphi^2}-\frac{\tau}{r}+\frac{\mathrm{d}^2v}{r^2\mathrm{d}\varphi^2}+\frac{\mathrm{d}^4v}{r^2\mathrm{d}\varphi^4}-\frac{\mathrm{d}^2\tau}{r\mathrm{d}\varphi^2}\right)$$
$$-E\iint\alpha T(x,y)y\mathrm{d}A=0 \tag{52}$$

$$-EI_x\left(\frac{v}{r^2}+\frac{\mathrm{d}^2v}{r^2\mathrm{d}\varphi^2}-\frac{\tau}{r}\right)-GI_k\frac{\mathrm{d}^2\tau}{r\mathrm{d}\varphi^2}-G(I_\rho-I_k)\left(\frac{\mathrm{d}^2\tau}{r\mathrm{d}\varphi^2}-\frac{\mathrm{d}^2f}{r\mathrm{d}\varphi^2}\right)$$
$$+E\iint\alpha T(x,y)y\mathrm{d}A=0 \tag{53}$$

$$G(I_\rho-I_k)\left(\frac{\mathrm{d}^2\tau}{r\mathrm{d}\varphi^2}-\frac{\mathrm{d}^2f}{r\mathrm{d}\varphi^2}\right)+\frac{EI_{\widetilde{\omega}}}{r^2}\frac{\mathrm{d}^4f}{r\mathrm{d}\varphi^4}=0 \tag{54}$$

边界条件：

$$\left[EI_x\left(\frac{v}{r^2}+\frac{\mathrm{d}^2v}{r^2\mathrm{d}\varphi^2}-\frac{\tau}{r}\right)-E\iint\alpha T(x,y)y\mathrm{d}A\right]\frac{\mathrm{d}\delta v}{r\mathrm{d}\varphi}\bigg|_{-\varphi_0/2}^{\varphi_0/2} \tag{55}$$

$$-EI_x\left(\frac{\mathrm{d}v}{r^2\mathrm{d}\varphi}+\frac{\mathrm{d}^3v}{r^2\mathrm{d}\varphi^3}-\frac{\mathrm{d}\tau}{r\mathrm{d}\varphi}\right)\frac{\delta v}{r}\bigg|_{-\varphi_0/2}^{\varphi_0/2} \tag{56}$$

$$\left[GI_k\frac{\mathrm{d}\tau}{r\mathrm{d}\varphi}+G(I_\rho-I_k)\left(\frac{\mathrm{d}\tau}{r\mathrm{d}\varphi}-\frac{\mathrm{d}f}{r\mathrm{d}\varphi}\right)\right]\delta\tau\big|_{-\varphi_0/2}^{\varphi_0/2} \tag{57}$$

$$\left[\frac{EI_{\widetilde{\omega}}}{r}\frac{\mathrm{d}^2f}{r\mathrm{d}\varphi^2}+E\iint\alpha T(x,y)\widetilde{\omega}\mathrm{d}A\right]\frac{\mathrm{d}\delta f}{r\mathrm{d}\varphi}\bigg|_{-\varphi_0/2}^{\varphi_0/2} \tag{58}$$

$$\left[-\frac{EI_{\widetilde{\omega}}}{r^2}\left(\frac{\mathrm{d}^3f}{r\mathrm{d}\varphi^3}\right)-G(I_\rho-I_k)\left(\frac{\mathrm{d}\tau}{r\mathrm{d}\varphi}-\frac{\mathrm{d}f}{r\mathrm{d}\varphi}\right)\right]\delta f\big|_{-\varphi_0/2}^{\varphi_0/2} \tag{59}$$

同样，在 $\varphi=\pm\dfrac{\varphi_0}{2}$ 处，有 $\delta\phi=0$，$\delta v=0$，$\delta\tau=0$，故边界条件（56）（57）自然满足。比较式（21）～式（27）与式（52）～

式（59），式（21）～式（23）与式（52）～式（54）等价，式（26）～式（28）分别与式（57）～式（59）相同。考虑在 $\varphi = \pm \dfrac{\varphi_0}{2}$ 处，$\dfrac{\mathrm{d}\delta v}{r\mathrm{d}\varphi} = \delta \dfrac{\mathrm{d}v}{\mathrm{d}z} \neq 0$，则根据式（24）与式（55），得

$\varphi = \pm \dfrac{\varphi_0}{2}$ 处：

$$EI_x \left(\frac{\mathrm{d}^2 v}{r^2 \mathrm{d}\varphi^2} + \frac{v}{r^2} - \frac{\tau}{r} \right) + \frac{EI_{\widetilde{\omega}}}{r^2} \frac{\mathrm{d}^2 f}{r\mathrm{d}\varphi^2} - E\iint \alpha T(x, y) y \mathrm{d}A$$
$$+ \frac{E}{r}\iint \alpha T(x, y) \widetilde{\omega} \mathrm{d}A = 0$$

$$EI_x \left(\frac{v}{r^2} + \frac{\mathrm{d}^2 v}{r^2 \mathrm{d}\varphi^2} - \frac{\tau}{r} \right) - E\iint \alpha T(x, y) y \mathrm{d}A = 0$$

上面两式相减，得 $\varphi = \pm \dfrac{\varphi_0}{2}$ 处：

$$\frac{EI_{\widetilde{\omega}}}{r} \frac{\mathrm{d}^2 f}{r\mathrm{d}\varphi^2} + E\iint \alpha T(x, y) \widetilde{\omega} \mathrm{d}A = 0$$

该式与 $\dfrac{\mathrm{d}\delta\beta}{r\mathrm{d}\varphi} = \delta \dfrac{\mathrm{d}\beta}{r\mathrm{d}\varphi} \neq 0$ 时式（27）与式（58）所推导的边界条件相同，由此可以证明在 $\varphi = \pm \dfrac{\varphi_0}{2}$ 处：

$$\frac{\mathrm{d}\delta\beta}{r\mathrm{d}\varphi} = \delta \frac{\mathrm{d}\beta}{r\mathrm{d}\varphi} \neq 0, \quad \delta\beta = 0$$

因此 $\varphi = \pm \dfrac{\varphi_0}{2}$ 处：

$$\frac{\mathrm{d}\delta f}{r\mathrm{d}\varphi} = \delta \frac{\mathrm{d}f}{r\mathrm{d}\varphi} \neq 0, \quad \delta f = 0$$

本节通过使用不同形式的势能表达式进行变分计算，得到了单跨曲线梁支撑处翘曲函数变分的值，验证了上节计算结果的正确性。

3.2.4　多跨连续曲线梁

得到单跨超静定简支曲线梁在温度效应下的变形方程后，可以其为基本结构，根据力法方程得到多跨连续曲线梁的解。在这

基于 GPRS 的混凝土弯箱梁桥温度效应研究
Research on temperature effect of concrete curved box girder bridge based on GPRS

种结构中，广义力为各跨交点处的弯矩以及翘曲双力矩。广义位移为交点处的相对转角和翘曲，大小分别为：

$$\delta = \frac{\mathrm{d}v}{\mathrm{d}z} = \frac{\mathrm{d}v}{r\mathrm{d}\varphi}, \ \mu = \frac{\mathrm{d}f}{\mathrm{d}z} = \frac{\mathrm{d}f}{r\mathrm{d}\varphi}$$

故温度效应下：

$$\delta_{1T} = \delta_{2T} = \cdots = \delta_{iT} = 2\frac{\mathrm{d}v}{r\mathrm{d}\varphi}\bigg|_{\varphi = \frac{\varphi_0}{2}} = 2\frac{r\iint \alpha T(x,y)y\mathrm{d}A}{I_x}\tan\frac{\varphi_0}{2}$$

$$+ 2\left(1 - \frac{I_k}{I_\rho}\right)\frac{r^2 \iint \alpha T(x,y)\widetilde{\omega}\mathrm{d}A}{I_{\widetilde{\omega}}}\left(-\frac{1}{1+k^2}\tan\frac{\varphi_0}{2} + \frac{1}{k^2}\frac{1}{1+k^2}\tanh k\frac{\varphi_0}{2}\right)$$

$$\mu_{1T} = \mu_{2T} = \cdots = \mu_{iT} = 2\frac{\mathrm{d}f}{r\mathrm{d}\varphi}\bigg|_{\varphi = \frac{\varphi_0}{2}} = 2\frac{r\iint \alpha T(x,y)\widetilde{\omega}\mathrm{d}A}{kI_{\widetilde{\omega}}}\tanh k\frac{\varphi_0}{2}$$

而 $n+1$ 跨连续曲线梁的力法方程为：

$$\begin{bmatrix} \delta_{11}^M & \cdots & \delta_{1n}^M \\ \vdots & \ddots & \vdots \\ \delta_{n1}^M & \cdots & \delta_{nn}^M \end{bmatrix}\begin{pmatrix} M_1 \\ \vdots \\ M_n \end{pmatrix} + \begin{bmatrix} \delta_{11}^B & \cdots & \delta_{1n}^B \\ \vdots & \ddots & \vdots \\ \delta_{n1}^B & \cdots & \delta_{nn}^B \end{bmatrix}\begin{pmatrix} B_1 \\ \vdots \\ B_n \end{pmatrix} + \begin{pmatrix} \delta_{1T} \\ \vdots \\ \delta_{nT} \end{pmatrix} = \begin{pmatrix} 0 \\ \vdots \\ 0 \end{pmatrix}$$

$$\begin{bmatrix} \mu_{11}^M & \cdots & \mu_{1n}^M \\ \vdots & \ddots & \vdots \\ \mu_{n1}^M & \cdots & \mu_{nn}^M \end{bmatrix}\begin{pmatrix} M_1 \\ \vdots \\ M_n \end{pmatrix} + \begin{bmatrix} \mu_{11}^B & \cdots & \mu_{1n}^B \\ \vdots & \ddots & \vdots \\ \mu_{n1}^B & \cdots & \mu_{nn}^B \end{bmatrix}\begin{pmatrix} B_1 \\ \vdots \\ B_n \end{pmatrix} + \begin{pmatrix} \mu_{1T} \\ \vdots \\ \mu_{nT} \end{pmatrix} = \begin{pmatrix} 0 \\ \vdots \\ 0 \end{pmatrix}$$

由参考文献 [63]，得：

$$\delta_{11}^M = \delta_{22}^M = \cdots = \delta_{ii}^M$$

$$= 2 \times \frac{r}{EI_x}\left\{\begin{array}{l} \left[\dfrac{1}{\psi} + \dfrac{EI_x}{GI_k}(1-\beta\eta)\right]\left(\dfrac{\varphi_0}{2\sin^2\varphi_0} - \dfrac{\cos\varphi_0}{2\sin\varphi_0}\right) \\ -\dfrac{EI_x}{GI_k}\left(\dfrac{1}{\varphi_0} - \dfrac{\cos\varphi_0}{\sin\varphi_0}\right) - \dfrac{EI_x}{GI_k}\beta\eta^2\left(\dfrac{\cos\varphi_0}{\sin\varphi_0} - k\dfrac{\cosh\varphi_0}{\sinh\varphi_0}\right) \end{array}\right\}$$

$$\delta_{12}^M = \delta_{21}^M = \delta_{23}^M = \delta_{32}^M = \cdots = \delta_{i,i+1}^M = \delta_{i+1,i}^M$$

$$= \frac{r}{EI_x}\left\{\begin{array}{l} \left[\dfrac{1}{\psi} + \dfrac{EI_x}{GI_k}(1-\beta\eta)\right]\left(\dfrac{1}{2\sin\varphi_0} - \dfrac{\varphi_0\cos\varphi_0}{2\sin^2\varphi_0}\right) \\ -\dfrac{EI_x}{GI_k}\left(\dfrac{1}{\sin\varphi_0} - \dfrac{1}{\varphi_0}\right) - \dfrac{EI_x}{GI_k}\beta\eta^2\left(\dfrac{1}{\sin\varphi_0} - \dfrac{k}{\sinh\varphi_0}\right) \end{array}\right\}$$

$$\delta_{ij}^M (i \neq j, i \neq j+1, i \neq j-1) = 0$$

$$\delta_{11}^B = \delta_{22}^B = \cdots = \delta_{ii}^B = 2 \times \left(-\frac{1}{GI_k}\right)\left(\frac{1}{\varphi_0} - \frac{1-\eta}{\tan\varphi_0} - \frac{\eta k}{\tanh k\varphi_0}\right)$$

$$\delta_{12}^B = \delta_{21}^B = \delta_{23}^B = \delta_{32}^B = \cdots = \delta_{i,i+1}^B = \delta_{i+1,i}^B = \frac{1}{GI_k}\left(\frac{1}{\varphi_0} - \frac{1-\eta}{\sin\varphi_0} - \frac{\eta k}{\sinh k\varphi_0}\right)$$

$$\delta_{ij}^B (i \neq j, i \neq j+1, i \neq j-1) = 0$$

$$\mu_{11}^M = \mu_{22}^M = \cdots = \mu_{ii}^M = 2 \times \left(-\frac{1}{GI_k}\right)\left(\frac{1}{\varphi_0} - \frac{1-\eta}{\tan\varphi_0} - \frac{\eta k}{\tanh k\varphi_0}\right)$$

$$\mu_{12}^M = \mu_{21}^M = \mu_{23}^M = \mu_{32}^M = \cdots = \mu_{i,i+1}^M = \mu_{i+1,i}^M = \frac{1}{GI_k}\left(\frac{1}{\varphi_0} - \frac{1-\eta}{\sin\varphi_0} - \frac{\eta k}{\sinh k\varphi_0}\right)$$

$$\mu_{ij}^M (i \neq j, i \neq j+1, i \neq j-1) = 0$$

$$\mu_{11}^B = \mu_{22}^B = \cdots = \mu_{ii}^B = 2 \times \frac{1}{GI_k r\varphi_0}\left(\frac{k\varphi_0}{\beta\tanh k\varphi_0} - 1\right)$$

$$\mu_{12}^B = \mu_{21}^B = \mu_{23}^B = \mu_{32}^B = \cdots = \mu_{i,i+1}^B = \mu_{i+1,i}^B = \frac{1}{GI_k r\varphi_0}\left(1 - \frac{k\varphi_0}{\beta\sinh k\varphi_0}\right)$$

$$\mu_{ij}^B (i \neq j, i \neq j+1, i \neq j-1) = 0$$

其中：

$$\eta = \frac{1}{1+k^2}, \quad \chi = \frac{EI_x}{GI_k}, \quad \beta = 1 - \frac{I_k}{I_\rho}, \quad k = \sqrt{\frac{r^2 G(I_\rho - I_k)GI_k}{EI_{\tilde{\omega}}GI_\rho}}$$

ψ 为无量纲的非对称截面形状系数，对于具有竖向对称轴的截面，$\psi=1$。

利用以上式子可以计算超静定结构各支座处的温度次反力。容易通过力的平衡条件得到单跨超静定简支曲线梁在温度荷载下不产生支座反力，故超静定结构的支座反力即为赘余力所产生的。截面的应力为梁各纤维温度变形受约束所产生的温度自应力与赘余力所产生的温度次应力的叠加。结构的变形为基本结构的变形与赘余力造成的变形的线性叠加。

本书提出的方法在采用相对应的合适的位移函数后，也可计算考虑剪力滞、畸变等箱梁复杂变形模式时的温度效应及相关位移的解析解或数值解。

3.3 本章小结

利用曲线梁的基本微分方程和势能最低原理，根据是否考虑翘曲，分别提出了较简单的计算单跨超静定简支曲线梁的温度效应的解析方法。并根据结构力学相关知识，得到了温度荷载下多跨连续曲线梁的赘余力计算公式。

4

有限元验证及温度效应对比

为验证第 3 章理论计算的正确性，本章进行了理论计算与有限元计算结果的对比。同时，在验证了理论计算的准确性后，将本书第 2 章所得到的温度梯度与相关规范所规定的桥梁计算温度梯度下的温度效应进行了对比。

4.1 有限元验证

以箱形曲线梁为例，截面形状如图 4-1 所示。此处温度荷载为采用了第 2 章总结得到的温度梯度荷载，即 $T（y）=12.1631\mathrm{e}^{-5y}$（℃），$T（x）=3.4585\mathrm{e}^{-7x}$（℃）。截面相关几何特性以及相关数据见表 4-1。

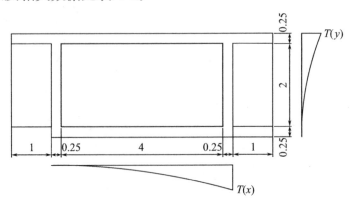

图 4-1　截面形状（单位：m）

截面相关几何特性以及相关数据　　表 4-1

A	形状中心距底层距离	剪力中心距底层距离	I_x
3.75m^2	1.3m	1.291m	3.78125m^4
I_y	I_k	I_ρ	I_w
12.14063m^4	0.770733m^4	12.2412m^4	0.4165m^6
α	E	υ	r
0.00001	$3.45\times10^{10}\text{Pa}$	0.2	100m
每跨长度	每跨对应圆心角		
20m	0.2rad		

4.1.1　单跨超静定简支曲线梁

用有限元分析软件 ANSYS 中的 solid45 实体单元建立梁体模型，边界条件参考结构各处支座位置进行布置，有限元挠度计算结果如图 4-2 所示，部分坐标角度的有限元与理论计算的挠度 υ、扭转角 ϕ 的计算结果对比见表 4-2、图 4-3 与表 4-3、图 4-4。

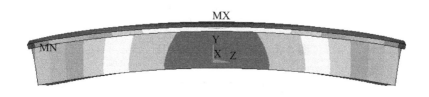

$-.531\text{E}-03$		$-.510\text{E}-04$		$.429\text{E}-03$		$.909\text{E}-03$		$.001388$
	$-.291\text{E}-03$		$.189\text{E}-03$		$.669\text{E}-03$		$.001148$	$.001628$

图 4-2　有限元挠度计算结果

挠度计算结果对比　　表 4-2

对应坐标角度（rad）	-0.08	-0.06	-0.04	-0.02	0.00	0.02	0.04	0.06	0.08
有限元计算结果（$\times10^{-3}\text{m}$）	0.61	1.11	1.46	1.67	1.71	1.67	1.46	1.11	0.61

考虑翘曲（×10⁻³ m）	0.61	1.08	1.42	1.62	1.69	1.62	1.42	1.08	0.61
相对差值（%）	−0.01	−2.99	−3.00	−2.99	−1.37	−2.97	−2.98	−2.97	0.02
忽略翘曲（×10⁻³ m）	0.61	1.08	1.41	1.62	1.68	1.62	1.41	1.08	0.61
相对差值（%）	−0.17	−3.15	−3.17	−3.16	−1.54	−3.14	−3.15	−3.13	−0.14

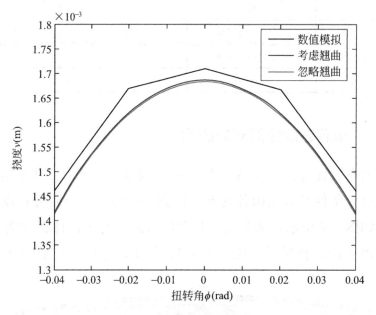

图 4-3　挠度计算结果对比

扭转角计算结果对比　　　　　　　　　　　表 4-3

对应角度（rad）	−0.08	−0.06	−0.04	−0.02	0.00	0.02	0.04	0.06	0.08
有限元计算结果 （10⁻⁵ rad）	0.83	1.21	1.56	1.70	1.73	1.69	1.55	1.20	0.82
考虑翘曲 （10⁻⁵ rad）	0.61	1.08	1.42	1.62	1.69	1.62	1.42	1.08	0.61
相对差值（%）	−26.08	−10.58	−9.09	−4.80	−2.20	−4.23	−8.69	−10.13	−25.57
忽略翘曲 （10⁻⁵ rad）	0.61	1.08	1.41	1.62	1.68	1.62	1.41	1.08	0.61
相对差值（%）	−26.81	−11.08	−9.47	−5.15	−2.55	−4.58	−9.08	−10.63	−26.30

　　通过计算和对比可以得出，对于单跨超静定简支曲线梁，在竖向挠度的计算上，本书提供的考虑翘曲与不考虑翘曲的计算结

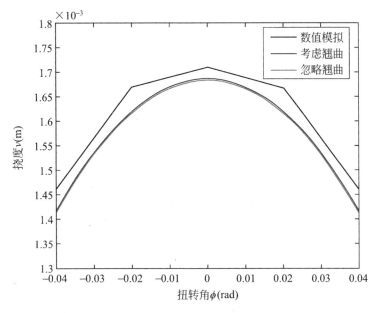

图 4-4 扭转角计算结果对比

果与有限元的计算结果相差较小，相差均不到 5%。而对于扭转角，相差相对较大，但除了靠近支座处变形较小的地方，其余角度坐标对应变形的相对差值均在 10% 以内。扭转角的误差可能来源于箱梁截面的刚度不足，不像实心截面那样刚度较大，因此不会严格依照刚性截面假定进行变形。

4.1.2 多跨连续曲线梁

考虑一个三跨连续曲线梁，由 3.1 节与 3.2 节的相关内容进行超静定结构的赘余力计算。

不考虑翘曲时，计算得：

$$\delta_{11} = \delta_{22} = 1.06 \times 10^{-10} \text{N}^{-1} \cdot \text{m}^{-1},$$
$$\delta_{12} = \delta_{21} = 2.72 \times 10^{-11} \text{N}^{-1} \cdot \text{m}^{-1}$$

$\Delta_{1T} = \Delta_{2T} = 6.73 \times 10^{-4}$，$M_1 = M_2 = 5.05 \times 10^6 \text{N} \cdot \text{m}$

且两组支座的扭矩反力为：

$$T_2 = T_3 = M_1 \left(\frac{1}{\tan\varphi_0} - \frac{1}{\sin\varphi_0} \right) + M_2 \left(\frac{1}{\tan\varphi_0} - \frac{1}{\varphi_0} \right)$$
$$= -8.44 \times 10^5 \text{N} \cdot \text{m}$$

$$T_1 = T_4 = -M_2\left(\frac{1}{\sin\varphi_0} - \frac{1}{\varphi_0}\right) = -1.69 \times 10^5 \, \text{N} \cdot \text{m}$$

考虑翘曲时，计算得：

$$\delta_{11}^M = \delta_{22}^M = 1.06 \times 10^{-10} \, \text{N}^{-1} \cdot \text{m}^{-1},$$

$$\delta_{12}^M = \delta_{21}^M = 2.72 \times 10^{-11} \, \text{N}^{-1} \cdot \text{m}^{-1}$$

$$\delta_{11}^B = \delta_{22}^B = -1.01 \times 10^{-11} \, \text{N}^{-1} \cdot \text{m}^{-2},$$

$$\delta_{12}^B = \delta_{21}^B = -2.96 \times 10^{-12} \, \text{N}^{-1} \cdot \text{m}^{-2}$$

$$\mu_{11}^M = \mu_{22}^M = -1.01 \times 10^{-11} \, \text{N}^{-1} \cdot \text{m}^{-2},$$

$$\mu_{12}^M = \mu_{21}^M = -2.96 \times 10^{-12} \, \text{N}^{-1} \cdot \text{m}^{-2}$$

$$\mu_{11}^B = \mu_{22}^B = 1.55 \times 10^{-10} \, \text{N}^{-1} \cdot \text{m}^{-3},$$

$$\mu_{12}^B = \mu_{21}^B = 4.51 \times 10^{-12} \, \text{N}^{-1} \cdot \text{m}^{-3}$$

$$\delta_{1T} = \delta_{2T} = 6.89 \times 10^{-4}, \quad \mu_{1T} = \mu_{2T} = 1.09 \times 10^{-5} \, \text{m}^{-1}$$

$$M_1 = M_2 = 5.22 \times 10^6 \, \text{N} \cdot \text{m}, \quad B_1 = B_2 = 4.95 \times 10^5 \, \text{N} \cdot \text{m}^2$$

且两组支座的扭矩反力为：

$$T_2 = T_3 = M_1\left(\frac{1}{\tan\varphi_0} - \frac{1}{\sin\varphi_0}\right) + M_2\left(\frac{1}{\tan\varphi_0} - \frac{1}{\varphi_0}\right) - (B_1 - B_2)\frac{1}{l}$$

$$= -8.72 \times 10^5 \, \text{N} \cdot \text{m}$$

$$T_1 = T_4 = -M_2\left(\frac{1}{\sin\varphi_0} - \frac{1}{\varphi_0}\right) - B_1\frac{1}{l} = -2.00 \times 10^5 \, \text{N} \cdot \text{m}$$

同样采用有限元分析软件 ANSYS 建立三跨连续梁体模型，边界条件参考结构各处支座位置进行布置，有限元计算结果图如图 4-5 所示。

共两组支座（四个，由于对称性两两相等）的扭矩反力计算结果对比见表 4-4。

考虑翘曲的计算结果均与有限元结果的相对差值在 5% 以内，而忽略翘曲的计算结果在跨中的支座较为准确，与有限元结果的相对差值在 5% 左右。但对于远离跨中的支座反力，忽略翘曲时误差较大，超过了 10%，因此，考虑翘曲对准确计算多跨连续曲线梁的温度效应是必要的。可以发现，考虑翘曲后的计算结果是满足工程精度要求的，误差的产生可能来源于未考虑剪力滞效应等原因。

基于 GPRS 的混凝土弯箱梁桥温度效应研究
Research on temperature effect of concrete curved box girder bridge based on GPRS

| −.856E−03 | −.486E−03 | −.116E−03 | .254E−03 | .623E−03 |
| −.671E−03 | −.301E−03 | .687E−04 | .439E−03 | .808E−03 |

图 4-5　有限元扭矩计算结果

支座扭矩反力计算结果对比　　　　　　　　表 4-4

支座		有限元法 (kN·m)	忽略翘曲 (kN·m)	相对差值	考虑翘曲 (kN·m)	相对差值
靠近跨中 的支座	T_2	891.39	844.31	−5.28%	872.44	−2.13%
	T_3	895.41		−5.71%		−2.57%
远离跨中 的支座	T_1	207.25	169.13	−18.39%	199.52	−3.73%
	T_4	209.67		−19.34%		−4.84%

注：本表中的扭矩计算结果省略了表示方向的负号。

4.2　与相关规范规定的温度梯度计算结果对比

将本书第 2 章得到的温度梯度和《公路桥涵设计通用规范》JTG D60—2015、《铁路桥涵混凝土结构设计规范》TB 10092—2017 所规定的温度梯度，通过第 3 章的解析解分布计算它们的温度效应，并进行对比。

4.2.1　与《公路桥涵设计通用规范》JTG D60—2015 的对比

由《公路桥涵设计通用规范》JTG D60—2015 的规定，桥梁截面的计算温度梯度如图 4-6、图 4-7 所示。注意到，因为该规范没有规定横向温度梯度，因此在水平左右对称的温度分布荷载下，曲线梁不会发生翘曲，即考虑翘曲与忽略翘曲计算结果相同。同时，为了对比的相称，采用具有 100mm 沥青混凝土铺装层的桥梁结构所应用的温度梯度进行计算，即 $T_1 = 14℃$，$T_2 = 5.5℃$。

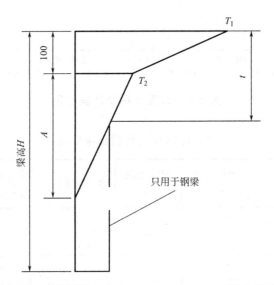

图 4-6 **《公路桥涵设计通用规范》JTG D60—2015 规定的温度梯度（1）**

结构类型	$T_1(℃)$	$T_2(℃)$
水泥混凝土铺装	25	6.7
50mm沥青混凝土铺装层	20	6.7
100mm沥青混凝土铺装层	14	5.5

图 4-7 **《公路桥涵设计通用规范》JTG D60—2015 规定的温度梯度（2）**

（1）单跨超静定简支曲线梁

部分坐标角度挠度 v，扭转角 ϕ 的计算结果对比见表 4-5、表 4-6。

（2）多跨连续曲线梁

同样考虑一个三跨连续曲线梁，由 3.1 节与 3.2 节的相关内容进行超静定结构的赘余力计算，δ_{ij} 已在 4.1.2 节计算完毕。

挠度计算结果对比 表 4-5

对应坐标角度（rad）	−0.08	−0.06	−0.04	−0.02	0.00	0.02	0.04	0.06	0.08
忽略翘曲（×10⁻³m）	0.55	0.98	1.29	1.48	1.54	1.48	1.29	0.98	0.55

扭转角计算结果对比 表 4-6

对应角度（rad）	−0.08	−0.06	−0.04	−0.02	0.00	0.02	0.04	0.06	0.08
忽略翘曲（10⁻⁵rad）	0.55	0.98	1.29	1.48	1.54	1.48	1.29	0.98	0.55

$$\Delta_{1T} = \Delta_{2T} = 6.15 \times 10^{-4}, \quad M_1 = M_2 = 4.61 \times 10^6 \text{N} \cdot \text{m}$$

且两组支座的扭矩反力为：

$$T_2 = T_3 = -7.72 \times 10^5 \text{N} \cdot \text{m}$$

$$T_1 = T_4 = -1.55 \times 10^5 \text{N} \cdot \text{m}$$

采用由本书第 2 章得到的温度梯度进行计算时，相对于采用铁路《铁路桥涵混凝土结构设计规范》TB 10092—2017 所规定的温度梯度进行计算，在对比后可以得出：

对于单跨超静定简支曲线梁，竖向挠度增大了：

$$(1.69 \div 1.54 - 1) \times 100\% = 9.74\%$$

扭转角增大了：

$$(1.69 \div 1.54 - 1) \times 100\% = 9.74\%$$

均约增大了 10%。

对于多跨连续曲线梁，弯矩赘余力增大了：

$$(5.22 \div 4.61 - 1) \times 100\% = 13.23\%$$

支座反力扭矩增大了：

$$(8.72 \div 7.72 - 1) \times 100\% = 12.95\%$$

均约增大了 13%。

因为实际结构的变形是由基本结构的变形与赘余力在基本结

构上所造成的变形叠加而成，因此采用本书第 2 章所得到的温度梯度进行计算，相较于采用《公路桥涵设计通用规范》JTG D60—2015 规定的温度梯度进行计算，约增大了 10%。

4.2.2 与《铁路桥涵混凝土结构设计规范》TB 10092—2017 的对比

由《铁路桥涵混凝土结构设计规范》TB 10092—2017 对于配属无砟轨道桥梁的规定，桥梁截面的计算温度梯度如图 4-8、图 4-9 所示，其中竖向温度梯度采用 $T(y) = 20e^{-5y}$（℃），横向温度梯度采用 $T(x) = 16e^{-7x}$（℃）。

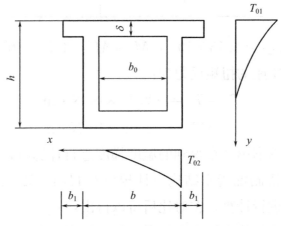

图 4-8　《铁路桥涵混凝土结构设计规范》TB 10092—2017
规定的温度梯度（1）

方向	$a(\text{m}^{-1})$	$T_0(℃)$
单向(沿梁高方向)	5	20
单向(沿梁宽方向)	7	16

图 4-9　《铁路桥涵混凝土结构设计规范》TB 10092—2017
规定的温度梯度（2）

（1）单跨超静定简支曲线梁

部分坐标角度的有限元与理论计算的挠度 v，扭转角 ϕ 的计算结果对比见表 4-7、表 4-8。

挠度计算结果对比 表 4-7

对应坐标角度（rad）	-0.08	-0.06	-0.04	-0.02	0.00	0.02	0.04	0.06	0.08
考虑翘曲（×10^{-3}m）	1.00	1.78	2.34	2.67	2.78	2.67	2.34	1.78	1.00
忽略翘曲（×10^{-3}m）	1.00	1.77	2.32	2.66	2.77	2.66	2.32	1.77	1.00

扭转角计算结果对比 表 4-8

对应角度（rad）	-0.08	-0.06	-0.04	-0.02	0.00	0.02	0.04	0.06	0.08
考虑翘曲（10^{-5}rad）	1.02	1.80	2.35	2.68	2.80	2.68	2.35	1.80	1.02
忽略翘曲（10^{-5}rad）	1.00	1.77	2.32	2.66	2.77	2.66	2.32	1.77	1.00

（2）多跨连续曲线梁

同样考虑一个三跨连续曲线梁，由 3.1 节与 3.2 节的相关内容进行超静定结构的赘余力计算，δ_{ij}、δ_{ij}^M、δ_{ij}^B、μ_{ij}^M、μ_{ij}^B 已在 4.1.2 节计算完毕。

$\Delta_{1T}=\Delta_{2T}=1.11\times10^{-3}$，$M_1=M_2=8.30\times10^6$N・m

且两组支座的扭矩反力为：

$$T_2=T_3=-1.39\times10^6\text{N・m}$$

$$T_1=T_4=-2.78\times10^5\text{N・m}$$

考虑翘曲时，计算得：

$$\delta_{1T}=\delta_{2T}=1.18\times10^{-3}，\mu_{1T}=\mu_{2T}=5.02\times10^{-5}\text{m}^{-1}$$

$$M_1=M_2=7.84\times10^6\text{N・m}，B_1=B_2=9.57\times10^5\text{N・m}^2$$

且两组支座的扭矩反力为：

$$T_2=T_3=-1.31\times10^6\text{N・m}$$

$$T_1=T_4=-3.10\times10^5\text{N・m}$$

采用由本书第 2 章得到的温度梯度进行计算时，相对于采用

《铁路桥涵混凝土结构设计规范》TB 10092—2017 所规定的温度梯度进行计算，在对比后可以得出：

对于单跨超静定简支曲线梁，竖向挠度减小了：
$$(1-1.69 \div 2.78) \times 100\% = 39.21\%$$

扭转角减少了：
$$(1-1.69 \div 2.80) \times 100\% = 39.64\%$$

均约减小了 40%。

对于多跨连续曲线梁，弯矩赘余力减小了：
$$(1-5.22 \div 7.84) \times 100\% = 33.42\%$$

支座反力扭矩减小了：
$$(1-8.72 \div 13.1) \times 100\% = 33.44\%$$

均约减小了 33%。

因为实际结构的变形是由基本结构的变形与赘余力在基本结构上所造成的变形叠加而成，因此采用本书第 2 章所得到的温度梯度进行计算，相较于采用《铁路桥涵混凝土结构设计规范》TB 10092—2017 规定的温度梯度进行计算，约减少了 40%。同时可以从结果中看出，对于《铁路桥涵混凝土结构设计规范》TB 10092—2017 所规定的温度梯度进行超静定结构的计算，考虑翘曲与不考虑翘曲的计算结果相差较大，各赘余力与支座扭矩反力相差均在 5% 以上。

4.3　本章小结

本章以单跨超静定简支曲线梁的竖向挠度与扭转角、多跨连续曲线梁的支座扭矩为参考值，进行了理论计算与有限元计算结果的对比。在考虑翘曲时曲线梁温度效应理论计算结果与有限元计算结果相对差值在 5% 以内，验证了理论计算结果的准确性。同时，在验证了理论计算的准确性后，将本书第 2 章得到的温度梯度与《公路桥涵设计通用规范》JTG D60—2015、《铁路桥涵混凝土结构设计规范》TB 10092—2017 所规定的温度梯度，通过解析手段分布计算它们的温度效应，并进行对比。相对于具有同样厚度沥青铺装层的公路桥梁，按本书方法计算相对于按公路桥涵相关规范规定计算，在变形、内力、支座扭矩反力上增加了10％左右。

5

其他曲线梁温度效应的解析计算的讨论

在本章中，采用相类似的能量公式与变分法计算方法，讨论温度梯度下曲线梁平面内的变形，以及 $T(x，y，\varphi)$ 三维温度场下曲线梁的理论计算方法。

5.1 温度梯度下曲线梁的平面内变形（梁的宽度与半径相比可忽略时）

对于曲线梁横向温度梯度效应的讨论相对较少，注意到曲线梁中，横向弯曲与轴向伸长的变形是相互耦合的（图 5-1）。

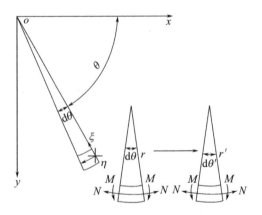

图 5-1　微段变形及坐标系

5.1.1 基本假设

（1）曲线梁的横截面变形后仍保持为平面（平截面假定）；

（2）曲线箱梁的应变及应变曲率按小曲率曲梁考虑，变形处于小变形范围内；

（3）曲线梁变形后横截面的形状保持不变，不考虑畸变；

（4）温度沿梁轴向不发生变化，而仅在截面上存在 $T(x, y)$ 的分布；

（5）不考虑扭转产生的结构水平向的位移；

（6）梁的宽度与半径相比可以忽略。

5.1.2 基本结构横向与轴向变形的解

建立坐标系：为便于分析，建立 xoy 的全局坐标系，θ 的正方向由 x 正方向乘 y 正方向决定，即顺时针为 θ 的正方向。这些设定与曲线梁相关教材相同。根据参考文献 [62]，曲线梁横向弯曲和轴向变形的几何方程为：

$$\varepsilon_0 = \frac{\mathrm{d}w}{\mathrm{d}z} - \frac{u}{r} = \frac{\mathrm{d}w}{r\mathrm{d}\varphi} - \frac{u}{r}$$

$$k_y = \frac{\mathrm{d}^2 u}{\mathrm{d}z^2} + \frac{u}{r^2} = \frac{\mathrm{d}^2 u}{r^2 \mathrm{d}\varphi^2} + \frac{u}{r^2}$$

且：

$$\varepsilon(\varphi, x) = \varepsilon_0 + k_y x = \left(\frac{\mathrm{d}w}{r\mathrm{d}\varphi} - \frac{u}{r}\right) + \left(\frac{\mathrm{d}^2 u}{r^2 \mathrm{d}\varphi^2} + \frac{u}{r^2}\right) x$$

其中，ε_0 为截面形心处的轴向应变，k_y 为横向弯曲曲率，u 为横向挠度，w 为轴向变形，φ 为曲线梁圆心角坐标，r 为圆曲线梁对应半径。

物理方程为：

$$N = EA\varepsilon_0$$

$$M_y = -EI_y k_y$$

其中，N 为轴力，M_y 为 y 轴方向的弯矩，A 为截面面积，I_y 为 y 轴方向的截面抗弯惯性矩，E 为弹性模量。

考虑一根对应圆心角为 φ_0 的等截面简支梁，温度荷载下的势能为：

$$W = \frac{1}{2}EA \int_{-\varphi_0/2}^{\varphi_0/2} \varepsilon_0{}^2 r\,\mathrm{d}\varphi + \frac{1}{2}EI_y \int_{-\varphi_0/2}^{\varphi_0/2} k_y^2 r\,\mathrm{d}\varphi$$

$$-E \int_{-\varphi_0/2}^{\varphi_0/2} \left[\iint \alpha T(x,\ y) \times (\varepsilon_0 + k_y x)\,\mathrm{d}A \right] r\,\mathrm{d}\varphi$$

其中，α 为热膨胀系数。

公式前两项为应变能，第三项为温度荷载势能。由势能最低原理，可能的变形是使得势能达到驻值的变形。需要 $u(\varphi)$ 和 $w(\varphi)$ 函数曲线使得应变能 W 取到极小值，令 $\delta W = 0$，则：

$$\delta W = EA \int_{-\varphi_0/2}^{\varphi_0/2} \left(\frac{\mathrm{d}w}{r\mathrm{d}\varphi} - \frac{u}{r} \right)\left(\frac{\mathrm{d}\delta w}{r\mathrm{d}\varphi} - \frac{\delta u}{r} \right) r\,\mathrm{d}\varphi$$

$$+ EI_y \int_{-\varphi_0/2}^{\varphi_0/2} \left(\frac{\mathrm{d}^2 u}{r^2\mathrm{d}\varphi^2} + \frac{u}{r^2} \right)\left(\frac{\mathrm{d}^2 \delta u}{r^2\mathrm{d}\varphi^2} + \frac{\delta u}{r^2} \right) r\,\mathrm{d}\varphi$$

$$- E\left[\iint \alpha T(x,\ y)\mathrm{d}A \right] \int_{-\varphi_0/2}^{\varphi_0/2} \left(\frac{\mathrm{d}\delta w}{r\mathrm{d}\varphi} - \frac{\delta u}{r} \right) r\,\mathrm{d}\varphi$$

$$- E\left[\iint \alpha T(x,\ y)x\,\mathrm{d}A \right] \int_{-\varphi_0/2}^{\varphi_0/2} \left(\frac{\mathrm{d}^2 \delta u}{r^2\mathrm{d}\varphi^2} + \frac{\delta u}{r^2} \right) r\,\mathrm{d}\varphi$$

$$\delta W = \int_{-\varphi_0/2}^{\varphi_0/2} \left[-EA\left(\frac{\mathrm{d}^2 w}{r\mathrm{d}\varphi^2} - \frac{\mathrm{d}u}{r\mathrm{d}\varphi} \right) \right] \delta w\,\mathrm{d}\varphi$$

$$+ \int_{-\varphi_0/2}^{\varphi_0/2} \left[\begin{array}{l} -EA\left(\dfrac{\mathrm{d}w}{r\mathrm{d}\varphi} - \dfrac{u}{r} \right) + \dfrac{EI_y}{r^2}\left(\dfrac{\mathrm{d}^4 u}{r\mathrm{d}\varphi^4} + \dfrac{\mathrm{d}^2 u}{r\mathrm{d}\varphi^2} \right) + \dfrac{EI_y}{r^2}\left(\dfrac{\mathrm{d}^2 u}{r\mathrm{d}\varphi^2} + \dfrac{u}{r} \right) \\ + E\left[\iint \alpha T(x,y)\mathrm{d}A \right] - \dfrac{E\left[\iint \alpha T(x,y)x\,\mathrm{d}A \right]}{r} \end{array} \right] \delta w\,\mathrm{d}\varphi$$

$$+ \left\{ EA\left(\frac{\mathrm{d}w}{r\mathrm{d}\varphi} - \frac{u}{r} \right) - E\left[\iint \alpha T(x,y)\mathrm{d}A \right] \right\} \delta w \Big|_{-\varphi_0/2}^{\varphi_0/2}$$

$$+ \left[\frac{EI_y}{r^2}\left(\frac{\mathrm{d}^2 u}{r\mathrm{d}\varphi} + \frac{u}{r} \right) - \frac{E\left[\iint \alpha T(x,y)x\,\mathrm{d}A \right]}{r} \right] \frac{\mathrm{d}\delta u}{\mathrm{d}\varphi} \Big|_{-\varphi_0/2}^{\varphi_0/2}$$

$$-\frac{EI_y}{r^2}\left(\frac{\mathrm{d}^3 u}{r\mathrm{d}\varphi^3}+\frac{\mathrm{d}u}{r\mathrm{d}\varphi}\right)\delta u\,\Big|_{-\varphi_0/2}^{\varphi_0/2}=0$$

故：

$$-EA\left(\frac{\mathrm{d}^2 w}{r\mathrm{d}\varphi^2}-\frac{\mathrm{d}u}{r\mathrm{d}\varphi}\right)=0 \tag{60}$$

$$-EA\left(\frac{\mathrm{d}w}{r\mathrm{d}\varphi}-\frac{u}{r}\right)+\frac{EI_y}{r^2}\left(\frac{\mathrm{d}^4 u}{r\mathrm{d}\varphi^4}+\frac{\mathrm{d}^2 u}{r\mathrm{d}\varphi^2}\right)+\frac{EI_y}{r^2}\left(\frac{\mathrm{d}^2 u}{r\mathrm{d}\varphi^2}+\frac{u}{r}\right)$$

$$+E\left[\iint \alpha T(x,\ y)\mathrm{d}A\right]-\frac{E\left[\iint \alpha T(x,\ y)x\mathrm{d}A\right]}{r}=0 \tag{61}$$

边界条件：

$$\left\{EA\left(\frac{\mathrm{d}w}{r\mathrm{d}\varphi}-\frac{u}{r}\right)-E\left[\iint \alpha T(x,\ y)\mathrm{d}A\right]\right\}\delta w\,\Big|_{-\varphi_0/2}^{\varphi_0/2}=0 \tag{62}$$

$$\left[\frac{EI_y}{r^2}\left(\frac{\mathrm{d}^2 u}{r\mathrm{d}\varphi^2}+\frac{u}{r}\right)-\frac{E\left[\iint \alpha T(x,\ y)x\mathrm{d}A\right]}{r}\right]\frac{\mathrm{d}\delta u}{\mathrm{d}\varphi}\,\Big|_{-\varphi_0/2}^{\varphi_0/2}=0$$

$$\tag{63}$$

$$-\frac{EI_y}{r^2}\left(\frac{\mathrm{d}^3 u}{r\mathrm{d}\varphi^3}+\frac{\mathrm{d}u}{r\mathrm{d}\varphi}\right)\delta u\,\Big|_{-\varphi_0/2}^{\varphi_0/2}=0 \tag{64}$$

现考虑单跨水平方向简支约束的静定曲线等截面梁。在 $\varphi=\pm\frac{\varphi_0}{2}$ 处，有 $\delta u=0$，$\varphi=-\frac{\varphi_0}{2}$ 处，有 $\delta w=0$，故边界条件（64）自然满足，而边界条件（62）变为

$$EA\left(\frac{\mathrm{d}w}{r\mathrm{d}\varphi}-\frac{u}{r}\right)-E\left[\iint \alpha T(x,\ y)\mathrm{d}A\right]\,\Big|_{\varphi=\varphi_0/2}=0 \tag{65}$$

由式（60）积分得：

$$\frac{\mathrm{d}w}{r\mathrm{d}\varphi}-\frac{u}{r}=C_1 \tag{66}$$

将式（66）代入式（62），得：

$$\frac{\mathrm{d}^4 u}{r\mathrm{d}\varphi^4}+2\frac{\mathrm{d}^2 u}{r\mathrm{d}\varphi^2}+\frac{u}{r}=\frac{r^2}{EI_y}\left\{\begin{matrix}EAC_1-E\left[\iint \alpha T(x,\ y)\mathrm{d}A\right]\\+\dfrac{E\left[\iint \alpha T(x,\ y)x\mathrm{d}A\right]}{r}\end{matrix}\right.$$

解得：

$$\frac{u}{r} = (C_2\varphi + C_3)\cos\varphi + (C_4\varphi + C_5)\sin\varphi$$

$$+ \frac{r^2}{EI_y}\left\{ EAC_1 - E\left[\iint\alpha T(x,\ y)\mathrm{d}A\right] + \frac{E\left[\iint\alpha T(x,\ y)x\mathrm{d}A\right]}{r} \right\}$$

(67)

因为对称结构在对称温度荷载下有对称的受力与变形，故在小变形假设下 u 是偶函数，由对称性知：

$$C_2 = 0,\ C_5 = 0 \tag{68}$$

将式（66）代入边界条件（65），得：

$$EAC_1 - E\left[\iint\alpha T(x,\ y)\mathrm{d}A\right] = 0 \Rightarrow C_1 = \frac{\iint\alpha T(x,\ y)\mathrm{d}A}{A} \tag{69}$$

将式（67）～式（69）代入边界条件（61），得：

$$2\frac{EI_y}{r^2}C_4\cos\frac{\varphi_0}{2} = 0 \Rightarrow C_4 = 0 \tag{70}$$

$$\frac{u}{r} = C_3\cos\varphi + \frac{r\left[\iint\alpha T(x,\ y)x\mathrm{d}A\right]}{I_y}$$

由结构的边界条件：

$$u\left(-\frac{\varphi_0}{2}\right) = 0,\ u\left(\frac{\varphi_0}{2}\right) = 0,\ w\left(-\frac{\varphi_0}{2}\right) = 0$$

$$u\left(\frac{\varphi_0}{2}\right) = 0 \Rightarrow C_3\cos(\varphi_0/2) + \frac{r\iint\alpha T(x,\ y)x\mathrm{d}A}{I_y}$$

$$= 0 \Rightarrow C_3 = -\frac{r\iint\alpha T(x,\ y)x\mathrm{d}A}{I_y\cos(\varphi_0/2)} \tag{71}$$

$$u = \frac{r^2\iint\alpha T(x,\ y)x\mathrm{d}A}{I_y}\left(1 - \frac{\cos\varphi}{\cos(\varphi_0/2)}\right)$$

将式（71）代入式（62），并考虑边界条件解得：

基于 GPRS 的混凝土弯箱梁桥温度效应研究
Research on temperature effect of concrete curved box girder bridge based on GPRS

$$\frac{w}{r} = \left[\frac{\iint \alpha T(x,y) \mathrm{d}A}{A} \right] \left(\varphi + \frac{\varphi_0}{2} \right)$$

$$+ \frac{r \left[\iint \alpha T(x,y) x \mathrm{d}A \right]}{I_y} \left[\varphi + \frac{\varphi_0}{2} - \frac{\sin(\varphi + \varphi_0/2)}{\cos(\varphi_0/2)} \right]$$

以上两式即为忽略扭转翘曲时，单跨横向简支支撑的曲线等截面箱梁的横向弯曲与轴向变形。

5.1.3 多跨连续曲线梁

得到单跨超静定简支曲线梁在温度效应下的变形方程后，可以其为基本结构，根据力法方程得到多跨连续曲线梁的解。在这种结构中，广义力为各跨交点处的横向弯矩，以使内侧纤维受拉为正方向。广义位移为交点处的相对转角，在曲线梁中，转角以使横向挠度 u 增加为正方向，大小为：

$$\delta = \frac{\mathrm{d}v}{\mathrm{d}z} = \frac{\mathrm{d}v}{r \mathrm{d}\varphi}$$

故温度效应下：

$$\Delta_{1T} = \Delta_{2T} = \cdots = \Delta_{iT} = 2 \frac{\mathrm{d}v}{r \mathrm{d}\varphi} \Big|_{\varphi = \frac{\varphi_0}{2}} = 2 \frac{r \iint \alpha T(x,y) x \mathrm{d}A}{I_x} \tan \frac{\varphi_0}{2}$$

根据计算，单跨超静定简支曲线梁在承受梁段单位弯矩时，在两个端点产生的转角为：

$$\theta_{BB} = -\theta_{AA} = \frac{r^2}{2EI_y} \frac{1}{\sin \varphi_0} \left(\frac{\varphi_0}{\sin \varphi_0} - \cos \varphi_0 \right)$$

$$\theta_{BA} = -\theta_{AB} = \frac{r^2}{2EI_y} \frac{\cos \varphi_0}{\sin \varphi_0}$$

而 $n+1$ 跨连续曲线梁的力法方程为：

$$\begin{bmatrix} \delta_{11}^M & \cdots & \delta_{1n}^M \\ \vdots & \ddots & \vdots \\ \delta_{n1}^M & \cdots & \delta_{nn}^M \end{bmatrix} \begin{pmatrix} M_1 \\ \vdots \\ M_n \end{pmatrix} + \begin{pmatrix} \delta_{1T} \\ \vdots \\ \delta_{nT} \end{pmatrix} = \begin{pmatrix} 0 \\ \vdots \\ 0 \end{pmatrix}$$

并且，根据几何知识：

$$\delta_{11}=\delta_{22}=\cdots=\delta_{ii}=2\theta_{BB}$$

$$\delta_{12}=\delta_{21}=\delta_{23}=\delta_{32}=\cdots=\delta_{i,\,i+1}=\delta_{i+1,\,i}=\theta_{BA}$$

$$\delta_{ij}(i\neq j,\ i\neq j+1,\ i\neq j-1)=0$$

利用以上式子可以计算超静定结构各支座处的温度次反力。容易得到单跨超静定简支曲线梁在温度荷载下不产生支座反力，故超静定结构的支座反力即为赘余力所产生的。截面的应力为梁各纤维温度变形受约束所产生的温度自应力与赘余力所产生的温度次应力的叠加。结构的变形为基本结构的变形与赘余力造成的变形的线性叠加。

5.2　温度梯度下曲线梁的平面内变形（梁的宽度与半径相比不可忽略时）

在高等材料力学等相关教材中介绍了曲线梁在梁宽度相对于半径不可忽略时，在服从平截面假定下，曲线梁截面的正应力应采用抛物线而非线性假定，才能获取足够的计算精度。此时，轴力与横向弯矩两个内力存在耦合作用，因此，即使边界约束为静定的，但由于内力的耦合，使结构内力的性质是超静定的。若仍假定边界静定约束的结构在温度荷载下不会产生内力，则会得到错误的计算结果，这是与 5.1 节计算不同之处（图 5-2）。

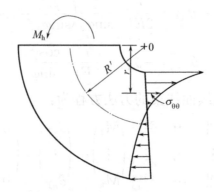

图 5-2　具有抛物线形正应力分布的曲线梁截面

基于 GPRS 的混凝土弯箱梁桥温度效应研究
Research on temperature effect of concrete curved box girder bridge based on GPRS

5.2.1 基本假设

（1）曲线梁的横截面变形后仍保持为平面（平截面假定）；

（2）曲线箱梁的应变及应变曲率按小曲率曲梁考虑，变形处于小变形范围内；

（3）曲线梁变形后横截面的形状保持不变，不考虑畸变；

（4）温度沿梁轴向不发生变化，而仅在截面上存在 $T(x, y)$ 的分布；

（5）不考虑扭转产生的结构水平向的位移；

（6）梁的宽度与半径相比不可以忽略。

5.2.2 基本结构横向与轴向变形的解

与 5.1 节相同，曲线梁横向弯曲和轴向变形的几何方程为：

$$\varepsilon_0 = \frac{\mathrm{d}w}{\mathrm{d}z} - \frac{u}{r} = \frac{\mathrm{d}w}{r\mathrm{d}\varphi} - \frac{u}{r}$$

$$k_y = \frac{\mathrm{d}^2 u}{\mathrm{d}z^2} + \frac{u}{r^2} = \frac{\mathrm{d}^2 u}{r^2 \mathrm{d}\varphi^2} + \frac{u}{r^2}$$

且由相关参考文献：

$$\varepsilon(\varphi,\ x) = \left(\frac{\mathrm{d}w}{r\mathrm{d}\varphi} - \frac{u}{r}\right) + \left(\frac{\mathrm{d}^2 u}{r^2 \mathrm{d}\varphi^2} + \frac{u}{r^2}\right)\frac{rx}{r-x}$$

其中，ε_0 为截面形心处的轴向应变，k_y 为横向弯曲曲率，u 为横向挠度，w 为轴向变形，φ 为曲线梁圆心角坐标，r 为圆曲线梁对应半径。

物理方程为：

$$N = EA\varepsilon_0$$

$$M_y = -EI_y k_y$$

其中，N 为轴力，M_y 为 y 轴方向的弯矩，A 为截面面积，I_y 为 y 轴方向的截面抗弯惯性矩，E 为弹性模量。

考虑一根对应圆心角为 φ_0 的等截面简支梁，温度荷载下的势能为：

$$W = \frac{1}{2}EA \int_{-\varphi_0/2}^{\varphi_0/2} \varepsilon_0^2 r\mathrm{d}\varphi + \frac{1}{2}EI_y \int_{-\varphi_0/2}^{\varphi_0/2} k_y^2 r\mathrm{d}\varphi$$

$$- E \int_{-\varphi_0/2}^{\varphi_0/2} \left[\iint \alpha T(x, y) \times \varepsilon(\varphi, x)\mathrm{d}A \right] r\mathrm{d}\varphi$$

其中，α 为热膨胀系数。

公式前两项为应变能，第三项为温度荷载势能。由势能最低原理，可能的变形是使得势能达到驻值的变形。需要 $u(\varphi)$ 和 $w(\varphi)$ 函数曲线使得应变能 W 取到极小值，令 $\delta W = 0$，则：

$$W = \int_{-\varphi_0/2}^{\varphi_0/2} \left\{ \left[\iint_D \frac{1}{2}E\varepsilon^2(\varphi,x)\mathrm{d}A \right] - \iint_D E\alpha T(x,y) \times \varepsilon(\varphi,x)\mathrm{d}A \right\} r\mathrm{d}\varphi$$

$$= \frac{1}{2}EA \int_{-\varphi_0/2}^{\varphi_0/2} \left(\frac{\mathrm{d}w}{r\mathrm{d}\varphi} - \frac{u}{r} \right)^2 r\mathrm{d}\varphi + \frac{1}{2}EBr \int_{-\varphi_0/2}^{\varphi_0/2} \left(\frac{\mathrm{d}w}{r\mathrm{d}\varphi} - \frac{u}{r} \right) \left(\frac{\mathrm{d}^2 u}{r^2\mathrm{d}\varphi^2} + \frac{u}{r^2} \right) r\mathrm{d}\varphi$$

$$+ \frac{1}{2}ECr^2 \int_{-\varphi_0/2}^{\varphi_0/2} \left(\frac{\mathrm{d}^2 u}{r^2\mathrm{d}\varphi^2} + \frac{u}{r^2} \right)^2 r\mathrm{d}\varphi$$

$$- E \int_{-\varphi_0/2}^{\varphi_0/2} \left\{ \iint \alpha T(x,y) \times \left[\left(\frac{\mathrm{d}w}{r\mathrm{d}\varphi} - \frac{u}{r} \right) + \left(\frac{\mathrm{d}^2 u}{r^2\mathrm{d}\varphi^2} + \frac{u}{r^2} \right) \frac{ry}{r-y} \right] \mathrm{d}A \right\} r\mathrm{d}\varphi$$

其中 $A = \iint_D 1\mathrm{d}A$，$B = \iint_D \frac{x}{r-x}\mathrm{d}A$，$C = \iint_D \frac{x^2}{(r-x)^2}\mathrm{d}A$。

$$\delta W = \int_{-\varphi_0/2}^{\varphi_0/2} \left[-EA\left(\frac{\mathrm{d}^2 w}{r\mathrm{d}\varphi^2} - \frac{\mathrm{d}u}{r\mathrm{d}\varphi} \right) - \frac{1}{2}EB\left(\frac{\mathrm{d}^3 u}{r\mathrm{d}\varphi^3} + \frac{\mathrm{d}u}{r\mathrm{d}\varphi} \right) \right] \delta w\mathrm{d}\varphi$$

$$+ \int_{-\varphi_0/2}^{\varphi_0/2} \begin{bmatrix} -EA\left(\frac{\mathrm{d}w}{r\mathrm{d}\varphi} - \frac{u}{r} \right) + \frac{1}{2}EB\left(\frac{\mathrm{d}^3 w}{r\mathrm{d}\varphi^3} - \frac{\mathrm{d}^2 u}{r\mathrm{d}\varphi^2} \right) \\ + EC\left(\frac{\mathrm{d}^4 u}{r\mathrm{d}\varphi^4} + \frac{\mathrm{d}^2 u}{r\mathrm{d}\varphi^2} \right) + EC\left(\frac{\mathrm{d}^2 u}{r\mathrm{d}\varphi^2} + \frac{u}{r} \right) \\ + \frac{1}{2}EB\left(\frac{\mathrm{d}w}{r\mathrm{d}\varphi} - \frac{u}{r} \right) - \frac{1}{2}EB\left(\frac{\mathrm{d}^2 u}{r\mathrm{d}\varphi^2} + \frac{u}{r} \right) \\ + E\iint \alpha T(x, y)\mathrm{d}A - E\iint \alpha T(x, y)\frac{rx}{r-x}\mathrm{d}A \end{bmatrix} \delta u\mathrm{d}\varphi$$

基于 GPRS 的混凝土弯箱梁桥温度效应研究
Research on temperature effect of concrete curved box girder bridge based on GPRS

$$+\left\{\begin{array}{l}\dfrac{1}{2}EB\left(\dfrac{\mathrm{d}^2u}{r\mathrm{d}\varphi^2}+\dfrac{u}{r}\right)+EA\left(\dfrac{\mathrm{d}w}{r\mathrm{d}\varphi}-\dfrac{u}{r}\right)\\-E\!\iint\!\alpha T(x,\ y)\mathrm{d}A\end{array}\right\}\delta w\,\Big|_{-\varphi_0/2}^{\varphi_0/2}$$

$$+\left[\begin{array}{l}\dfrac{1}{2}EB\!\left[\begin{array}{l}\dfrac{\mathrm{d}w}{r\mathrm{d}\varphi}\\[2mm]-\dfrac{u}{r}\end{array}\right]+EC\left(\dfrac{\mathrm{d}^2u}{r\mathrm{d}\varphi^2}+\dfrac{u}{r}\right)\\[4mm]-\dfrac{E\!\iint\!\alpha T(x,\ y)rx/(r-x)\,\mathrm{d}A}{r}\end{array}\right]\dfrac{\mathrm{d}\delta u}{\mathrm{d}\varphi}\,\Big|_{-\varphi_0/2}^{\varphi_0/2}$$

$$\left[-\dfrac{1}{2}EB\left(\dfrac{\mathrm{d}^2w}{r\mathrm{d}\varphi^2}-\dfrac{\mathrm{d}u}{r\mathrm{d}\varphi}\right)-EC\left(\dfrac{\mathrm{d}^3u}{r\mathrm{d}\varphi^3}+\dfrac{\mathrm{d}u}{r\mathrm{d}\varphi}\right)\right]\delta u\,\Big|_{-\varphi_0/2}^{\varphi_0/2}=0$$

故：

$$-EA\left(\dfrac{\mathrm{d}^2w}{r\mathrm{d}\varphi^2}-\dfrac{\mathrm{d}u}{r\mathrm{d}\varphi}\right)-\dfrac{1}{2}EB\left(\dfrac{\mathrm{d}^3u}{r\mathrm{d}\varphi^3}+\dfrac{\mathrm{d}u}{r\mathrm{d}\varphi}\right)=0 \qquad(72)$$

$$-EA\left(\dfrac{\mathrm{d}w}{r\mathrm{d}\varphi}-\dfrac{u}{r}\right)+\dfrac{1}{2}EB\left(\dfrac{\mathrm{d}^3w}{r\mathrm{d}\varphi^3}-\dfrac{\mathrm{d}^2u}{r\mathrm{d}\varphi^2}\right)+EC\left(\dfrac{\mathrm{d}^4u}{r\mathrm{d}\varphi^4}+\dfrac{\mathrm{d}^2u}{r\mathrm{d}\varphi^2}\right)$$

$$+EC\left(\dfrac{\mathrm{d}^2u}{r\mathrm{d}\varphi^2}+\dfrac{u}{r}\right)+\dfrac{1}{2}EB\left(\dfrac{\mathrm{d}w}{r\mathrm{d}\varphi}-\dfrac{u}{r}\right) \qquad(73)$$

$$-\dfrac{1}{2}EB\left(\dfrac{\mathrm{d}^2u}{r\mathrm{d}\varphi^2}+\dfrac{u}{r}\right)+E\!\iint\!\alpha T(x,\ y)\mathrm{d}A$$

$$-E\!\iint\!\alpha T(x,\ y)\dfrac{rx}{r-x}\mathrm{d}A=0$$

边界条件：

$$\left\{\begin{array}{l}\dfrac{1}{2}EB\left(\dfrac{\mathrm{d}^2u}{r\mathrm{d}\varphi^2}+\dfrac{u}{r}\right)+EA\left(\dfrac{\mathrm{d}w}{r\mathrm{d}\varphi}-\dfrac{u}{r}\right)\\-E\!\iint\!\alpha T(x,\ y)\mathrm{d}A\end{array}\right\}\delta w\,\Big|_{-\varphi_0/2}^{\varphi_0/2}=0 \qquad(74)$$

$$\left[\begin{array}{l}\dfrac{1}{2}EB\left(\dfrac{\mathrm{d}w}{r\mathrm{d}\varphi}-\dfrac{u}{r}\right)+EC\left(\dfrac{\mathrm{d}^2u}{r\mathrm{d}\varphi^2}+\dfrac{u}{r}\right)\\[4mm]-\dfrac{E\!\iint\!\alpha T(x,\ y)rx/(r-x)\,\mathrm{d}A}{r}\end{array}\right]\dfrac{\mathrm{d}\delta u}{\mathrm{d}\varphi}\,\Big|_{-\varphi_0/2}^{\varphi_0/2}=0 \qquad(75)$$

$$\left[-\frac{1}{2}EB\left(\frac{\mathrm{d}^2w}{r\mathrm{d}\varphi^2}-\frac{\mathrm{d}u}{r\mathrm{d}\varphi}\right)-EC\left(\frac{\mathrm{d}^3u}{r\mathrm{d}\varphi^3}+\frac{\mathrm{d}u}{r\mathrm{d}\varphi}\right)\right]\delta u\,\Big|_{-\varphi_0/2}^{\varphi_0/2}=0 \quad (76)$$

现考虑单跨水平方向简支约束的静定曲线等截面梁。在 $\varphi=\pm\dfrac{\varphi_0}{2}$ 处，有 $\delta u=0$，$\varphi=-\dfrac{\varphi_0}{2}$ 处，有 $\delta w=0$，故边界条件 (76) 自然满足，而边界条件 (74) 变为：

$$\frac{1}{2}EB\left(\frac{\mathrm{d}^2u}{r\mathrm{d}\varphi^2}+\frac{u}{r}\right)+EA\left(\frac{\mathrm{d}w}{r\mathrm{d}\varphi}-\frac{u}{r}\right)-E\iint\alpha T(x,\ y)\mathrm{d}A\,\Big|_{\varphi=\varphi_0/2}=0$$

$$(77)$$

由式 (72) 积分得：

$$\frac{\mathrm{d}w}{r\mathrm{d}\varphi}-\frac{u}{r}+\frac{B}{2A}\left(\frac{\mathrm{d}^2u}{r\mathrm{d}\varphi^2}+\frac{u}{r}\right)=C_1 \quad (78)$$

将式 (78) 代入式 (74)，得：

$$\left(EC-\frac{EB^2}{4A}\right)\left(\frac{\mathrm{d}^4u}{r\mathrm{d}\varphi^4}+\frac{\mathrm{d}^2u}{r\mathrm{d}\varphi^2}\right)+\frac{EB}{2A}\iint\alpha T(x,\ y)\mathrm{d}A$$

$$-E\iint\alpha T(x,\ y)\frac{x}{r-x}\mathrm{d}A=0$$

解得：

$$\frac{u}{r}=(C_2\varphi+C_3)\cos\varphi+(C_4\varphi+C_5)\sin\varphi$$

$$+\frac{\iint\alpha T(x,\ y)rx/(r-x)\mathrm{d}A-(B/2A)\iint\alpha T(x,\ y)\mathrm{d}A}{C-B^2/4A}$$

$$(79)$$

因为对称结构在对称温度荷载下有对称的受力与变形，故在小变形假设下 u 是偶函数，由对称性知：

$$C_2=0,\ C_5=0 \quad (80)$$

将式 (66) 代入边界条件 (65)，得：

$$EAC_1-E\left[\iint\alpha T(x,\ y)\mathrm{d}A\right]=0\Rightarrow C_1=\frac{\iint\alpha T(x,\ y)\mathrm{d}A}{A} \quad (81)$$

将式 (79) ~式 (81) 代入边界条件 (73)，得：

$$2\left(EC - \frac{EB^2}{4A}\right)C_4\cos\frac{\varphi_0}{2} = 0 \Rightarrow C_4 = 0 \qquad (82)$$

$$\frac{u}{r} = C_3\cos\varphi + \frac{\iint\alpha T(x, y)rx/(r-x)\,\mathrm{d}A - (B/2A)\iint\alpha T(x, y)\,\mathrm{d}A}{C - B^2/4A}$$

由结构的边界条件：

$$u\left(-\frac{\varphi_0}{2}\right) = 0, \quad u\left(\frac{\varphi_0}{2}\right) = 0, \quad w\left(-\frac{\varphi_0}{2}\right) = 0 \qquad (83)$$

$$u\left(\frac{\varphi_0}{2}\right) = 0$$

$$\Rightarrow C_3\cos\frac{\varphi_0}{2} + \frac{1}{C - B^2/4A}\left[\begin{array}{l}\iint\alpha T(x,y)rx/(r-x)\,\mathrm{d}A \\ -(B/2A)\iint\alpha T(x,y)\,\mathrm{d}A\end{array}\right] = 0$$

$$\Rightarrow C_3 = -\frac{\iint\alpha T(x,y)rx/(r-x)\,\mathrm{d}A - (B/2A)\iint\alpha T(x,y)\,\mathrm{d}A}{(C - B^2/4A)\cos(\varphi_0/2)}$$

$$(84)$$

$$u = \frac{\iint\alpha T(x,y)rx/(r-x)\,\mathrm{d}A - (B/2A)\iint\alpha T(x,y)\,\mathrm{d}A}{C - B^2/4A}\left(1 - \frac{\cos\varphi}{\cos(\varphi_0/2)}\right)$$

$$(85)$$

将式（85）代入式（74），并考虑式（83）解得：

$$\frac{w}{r} = \frac{1}{C - B^2/4A}[\varphi + (\varphi_0/2)]$$

$$\times\left\{\begin{array}{l}[1 - (B/2A)]\iint\alpha T(x, y)rx/(r-x)\,\mathrm{d}A \\ + [C - (B/2A)]\iint\alpha T(x, y)\,\mathrm{d}A\end{array}\right\}$$

$$- \frac{\iint\alpha T(x, y)rx/(r-x)\,\mathrm{d}A - (B/2A)\iint\alpha T(x, y)\,\mathrm{d}A}{C - B^2/4A}$$

$$\frac{\sin[\varphi + (\varphi_0/2)]}{\cos(\varphi_0/2)}$$

$$(86)$$

式（85）、式（86）即为忽略扭转翘曲时，单跨横向简支支撑的曲线等截面箱梁的横向弯曲与轴向变形。可见，运用应变能公式加变分法计算方法，可以解决曲线梁在梁宽度相对于半径不可忽略时的横向变形问题。在市区立交桥的设计中，有可能遇到这种转弯半径较小的情况，因此本节的计算分析具有一定的实际意义。多跨连续曲线梁的计算与5.1.3条类似，在此不再赘述。

5.3　三维温度场作用下的温度效应计算的讨论

在前几章节的计算中，均假定了桥梁的温度分布沿桥梁纵向不发生变化，即计算的是二维温度场的温度效应，这也往往是现有桥梁温度效应解析研究的假定。实际上，温度分布沿桥梁纵向是有变化的，即会产生 $T(x, y, \varphi)$ 三维的温度场，尤其是对于曲线桥梁，由于桥梁不同截面对应的方位角不同，受日照辐射的影响也有差距，因此沿梁纵向的温度分布变化较直线梁更加大。本节着重讨论已知的 $T(x, y, \varphi)$ 三维温度场分布下的温度效应。

以忽略截面翘曲时，简支超静定曲线梁的竖向弯曲与扭转的变形计算为例，由 2.1 节，在 $T(x, y, \varphi)$ 三维温度场分布下，考虑一根对应圆心角为 φ_0 的等截面梁，结构的势能变为：

$$W = \frac{1}{2} GI_k \int_{-\varphi_0/2}^{\varphi_0/2} \tau_z'^2 r \mathrm{d}\varphi + \frac{1}{2} EI_x \int_{-\varphi_0/2}^{\varphi_0/2} k_x^2 r \mathrm{d}\varphi - k_x$$

$$\times E \int_{-\varphi_0/2}^{\varphi_0/2} \left[\iint \alpha T(x, y, \varphi) y \mathrm{d}A \right] r \mathrm{d}\varphi$$

将函数 $f(\varphi) = \iint \alpha T(x, y, \varphi) y \mathrm{d}A$ 通过傅里叶级数展开为：

$$\iint \alpha T(x, y, \varphi) y \mathrm{d}A = a_{0y} + \sum_{n=1}^{\infty} (a_{ny} \cos n\varphi + b_{ny} \sin n\varphi)$$

即可通过上述几节的方法进行近似的计算。

令 $\delta W = 0$，则有：

$$\delta W = GI_k \int_{-\varphi_0/2}^{\varphi_0/2} \left(\frac{\mathrm{d}\phi}{r\mathrm{d}\varphi} + \frac{\mathrm{d}v}{r^2\mathrm{d}\varphi}\right)\left(\frac{\mathrm{d}\delta\phi}{r\mathrm{d}\varphi} + \frac{\mathrm{d}\delta v}{r^2\mathrm{d}\varphi}\right)r\mathrm{d}\varphi$$

$$+ EI_x \int_{-\varphi_0/2}^{\varphi_0/2} \left(\frac{\mathrm{d}^2 v}{r^2\mathrm{d}\varphi^2} - \frac{\phi}{r}\right)\left(\frac{\mathrm{d}^2\delta v}{r^2\mathrm{d}\varphi^2} - \frac{\delta\phi}{r}\right)r\mathrm{d}\varphi$$

$$- \left(\frac{\mathrm{d}^2\delta v}{r^2\mathrm{d}\varphi^2} - \frac{\delta\phi}{r}\right)\left[a_{0y} + \sum_{n=1}^{\infty}(a_{ny}\cos n\varphi + b_{ny}\sin n\varphi)\right] = 0$$

因此，问题变为求解以下两式：

$$\delta W = GI_k \int_{-\varphi_0/2}^{\varphi_0/2} \left(\frac{\mathrm{d}\phi}{r\mathrm{d}\varphi} + \frac{\mathrm{d}v}{r^2\mathrm{d}\varphi}\right)\left(\frac{\mathrm{d}\delta\phi}{r\mathrm{d}\varphi} + \frac{\mathrm{d}\delta v}{r^2\mathrm{d}\varphi}\right)r\mathrm{d}\varphi$$

$$+ EI_x \int_{-\varphi_0/2}^{\varphi_0/2} \left(\frac{\mathrm{d}^2 v}{r^2\mathrm{d}\varphi^2} - \frac{\phi}{r}\right)\left(\frac{\mathrm{d}^2\delta v}{r^2\mathrm{d}\varphi^2} - \frac{\delta\phi}{r}\right)r\mathrm{d}\varphi$$

$$- \left(\frac{\mathrm{d}^2\delta v}{r^2\mathrm{d}\varphi^2} - \frac{\delta\phi}{r}\right)a_{ny}\cos n\varphi = 0 (n = 0, 1, 2, 3, \cdots)$$

$$\tag{87}$$

$$\delta W = GI_k \int_{-\varphi_0/2}^{\varphi_0/2} \left(\frac{\mathrm{d}\phi}{r\mathrm{d}\varphi} + \frac{\mathrm{d}v}{r^2\mathrm{d}\varphi}\right)\left(\frac{\mathrm{d}\delta\phi}{r\mathrm{d}\varphi} + \frac{\mathrm{d}\delta v}{r^2\mathrm{d}\varphi}\right)r\mathrm{d}\varphi$$

$$+ EI_x \int_{-\varphi_0/2}^{\varphi_0/2} \left(\frac{\mathrm{d}^2 v}{r^2\mathrm{d}\varphi^2} - \frac{\phi}{r}\right)\left(\frac{\mathrm{d}^2\delta v}{r^2\mathrm{d}\varphi^2} - \frac{\delta\phi}{r}\right)r\mathrm{d}\varphi \tag{88}$$

$$- \left(\frac{\mathrm{d}^2\delta v}{r^2\mathrm{d}\varphi^2} - \frac{\delta\phi}{r}\right)b_{ny}\sin n\varphi = 0 (n = 1, 2, 3, \cdots)$$

$n = 0$ 时过程与 3.1 节类似，在此不再赘述。因此由式 (87) 得：

$$a_{ny}\cos n\varphi - EI_x\left(\frac{\mathrm{d}^2 v}{r^2\mathrm{d}\varphi^2} - \frac{\phi}{r}\right) - GI_k\left(\frac{\mathrm{d}^2\phi}{r\mathrm{d}\varphi^2} + \frac{\mathrm{d}^2 v}{r^2\mathrm{d}\varphi^2}\right) = 0 \tag{89}$$

$$EI_x\left(\frac{\mathrm{d}^4 v}{r^2\mathrm{d}\varphi^4} - \frac{\mathrm{d}^2\phi}{r\mathrm{d}\varphi^2}\right) - GI_k\left(\frac{\mathrm{d}^2\phi}{r\mathrm{d}\varphi^2} + \frac{\mathrm{d}^2 v}{r^2\mathrm{d}\varphi^2}\right) = 0 \tag{90}$$

边界条件：

$$GI_k\left(\frac{\mathrm{d}\phi}{r\mathrm{d}\varphi} + \frac{\mathrm{d}v}{r^2\mathrm{d}\varphi}\right)\delta\phi\Big|_{-\varphi_0/2}^{\varphi_0/2} = 0 \tag{91}$$

$$\left[GI_k \left(\frac{\mathrm{d}\phi}{r\mathrm{d}\varphi} + \frac{\mathrm{d}v}{r^2\mathrm{d}\varphi} \right) - EI_x \left(\frac{\mathrm{d}^3 v}{r^2\mathrm{d}\varphi^3} - \frac{\mathrm{d}\phi}{r\mathrm{d}\varphi} \right) \right] \frac{\delta v}{r} \Big|_{-\varphi_0/2}^{\varphi_0/2} = 0 \quad (92)$$

$$\left\{ EI_x \left(\frac{\mathrm{d}^2 v}{r^2\mathrm{d}\varphi^2} - \frac{\phi}{r} \right) - a_{ny}\cos n\varphi \right\} \frac{\mathrm{d}\delta v}{r\mathrm{d}\varphi} \Big|_{-\varphi_0/2}^{\varphi_0/2} = 0 \quad (93)$$

现考虑单跨一次超静定简支曲线等截面梁，它的扭矩反力是超静定的。在 $\varphi = \pm \dfrac{\varphi_0}{2}$ 处，有 $\delta\phi = 0$，$\delta v = 0$。故边界条件（91）（92）自然满足。

由式（89）可得：

$$\frac{\mathrm{d}^2 v}{r^2\mathrm{d}\varphi^2} = \frac{1}{EI_x + GI_k} \left\{ EI_x \frac{\phi}{r} - GI_k \frac{\mathrm{d}^2\phi}{r\mathrm{d}\varphi^2} + a_{ny}\cos n\varphi \right\}$$

代入式（90）得：

$$EI_x \left(EI_x \frac{\mathrm{d}^2\phi}{r\mathrm{d}\varphi^2} - GI_k \frac{\mathrm{d}^4\phi}{r\mathrm{d}\varphi^4} - \frac{1}{n^2} a_{ny}\cos n\varphi \right)$$

$$- GI_k \left(EI_x \frac{\phi}{r} - GI_k \frac{\mathrm{d}^2\phi}{r\mathrm{d}\varphi^2} + a_{ny}\cos n\varphi \right)$$

$$- (EI_x + GI_k) EI_x \frac{\mathrm{d}^2\phi}{r\mathrm{d}\varphi^2} - (EI_x + GI_k) GI_k \frac{\mathrm{d}^2\phi}{r\mathrm{d}\varphi^2} = 0$$

整理得：

$$\frac{\mathrm{d}^4\phi}{r\mathrm{d}\varphi^4} + 2\frac{\mathrm{d}^2\phi}{r\mathrm{d}\varphi^2} + \frac{\phi}{r} = -\frac{EI_x/n^2 + GI_k}{EI_x GI_k} a_{ny}\cos n\varphi \quad (94)$$

解式（94）得：

$$\frac{\phi}{r} = (C_1\varphi + C_2)\cos\varphi + (C_3\varphi + C_4)\sin\varphi$$

$$+ \frac{EI_x + GI_k}{8EI_x GI_k} a_{ny}\varphi^2\cos\varphi \, (n = 1)$$

$$\frac{\phi}{r} = (C_1\varphi + C_2)\cos\varphi + (C_3\varphi + C_4)\sin\varphi$$

$$- \frac{EI_x/n^2 + GI_k}{(1/n^4 - 2/n^2 + 1) EI_x GI_k} a_{ny}\cos n\varphi \, (n \neq 1)$$

因为对称结构在对称温度荷载下有对称的受力与变形，故 ϕ 是偶函数，由对称性知：

$$C_1 = 0, \quad C_4 = 0$$

即：

$$\frac{\phi}{r} = C_2 \cos\varphi + C_3 \varphi \sin\varphi + \frac{EI_x + GI_k}{8EI_x GI_k} a_{ny} \varphi^2 \cos\varphi \quad (n=1)$$

$$\frac{\phi}{r} = C_2 \cos\varphi + C_3 \varphi \sin\varphi$$

$$- \frac{EI_x/n^2 + GI_k}{(1/n^4 - 2/n^2 + 1) EI_x GI_k} a_{ny} \cos n\varphi \quad (n \neq 1) \quad (95)$$

将式（95）代入式（89），得：

$$a_{ny} \cos n\varphi - EI_x \left(\frac{\mathrm{d}^2 v}{r^2 \mathrm{d}\varphi^2} - \frac{\phi}{r} \right) - GI_k \left(\frac{\mathrm{d}^2 \phi}{r \mathrm{d}\varphi^2} + \frac{\mathrm{d}^2 v}{r^2 \mathrm{d}\varphi^2} \right) = 0$$

$$\frac{\mathrm{d}^2 v}{r^2 \mathrm{d}\varphi^2} = \frac{1}{EI_x + GI_k} \left\{ \begin{array}{l} EI_x \left[(C_1\varphi + C_2) \cos\varphi + (C_3\varphi + C_4) \sin\varphi \right] \\ -GI_k \left[\begin{array}{l} -(2C_1 + C_4) \sin\varphi - C_1\varphi\cos\varphi \\ +(2C_3 - C_2) \cos\varphi - C_3\varphi\sin\varphi \end{array} \right] \end{array} \right\}$$

$$+ \frac{1}{EI_x + GI_k} a_{ny} \cos\varphi + \frac{1}{8GI_k} a_{ny} \varphi^2 \cos\varphi$$

$$- \frac{1}{8EI_x} a_{ny} (2\cos\varphi - \varphi^2\cos\varphi - 4\varphi\sin\varphi) \quad (n=1)$$

$$\frac{\mathrm{d}^2 v}{r^2 \mathrm{d}\varphi^2} = \frac{1}{EI_x + GI_k}$$

$$\left\{ \begin{array}{l} EI_x \left[(C_1\varphi + C_2) \cos\varphi + (C_3\varphi + C_4) \sin\varphi \right] \\ -GI_k \left[\begin{array}{l} -(2C_1 + C_4) \sin\varphi \\ -C_1\varphi\cos\varphi + (2C_3 - C_2) \cos\varphi - C_3\varphi\sin\varphi \end{array} \right] \end{array} \right\}$$

$$+ \frac{1}{EI_x + GI_k} \left[1 - \frac{EI_x/n^2 + GI_k}{(1/n^4 - 2/n^2 + 1)} \left(\frac{1}{GI_k} + \frac{n^2}{EI_x} \right) \right]$$

$$a_{ny} \cos n\varphi \quad (n \neq 1)$$

整理得：

$$\frac{\mathrm{d}^2 v}{r^2 \mathrm{d}\varphi^2} = C_3 \varphi \sin\varphi + C_2 \cos\varphi - \frac{GI_k}{EI_x + GI_k} 2C_3 \cos\varphi$$

$$+ \frac{1}{EI_x + GI_k} a_{ny} \cos\varphi + \frac{1}{8GI_k} a_{ny} \varphi^2 \cos\varphi$$

$$-\frac{1}{8EI_x}a_{ny}(2\cos\varphi-\varphi^2\cos\varphi-4\varphi\sin\varphi)\,(n=1)$$

$$\frac{\mathrm{d}^2v}{r^2\mathrm{d}\varphi^2}=C_3\varphi\sin\varphi+C_2\cos\varphi-\frac{GI_k}{EI_x+GI_k}2C_3\cos\varphi$$

$$+\frac{1}{EI_x+GI_k}\left[1-\frac{EI_x/n^2+GI_k}{(1/n^4-2/n^2+1)}\left(\frac{1}{GI_k}+\frac{n^2}{EI_x}\right)\right]$$

$$a_{ny}\cos n\varphi(n\neq1)$$

$$(96)$$

解式（96）得：

$$\frac{v}{r^2}=-C_3\varphi\sin\varphi-2C_3\cos\varphi-C_2\cos\varphi+\frac{GI_k}{EI_x+GI_k}2C_3\cos\varphi+C_5\varphi$$

$$+C_6-\frac{1}{EI_x+GI_k}a_{ny}\cos\varphi+\frac{1}{8GI_k}a_{ny}(6\cos\varphi-\varphi^2\cos\varphi+4\varphi\sin\varphi)$$

$$-\frac{1}{8EI_x}a_{ny}\varphi^2\cos\varphi(n=1)$$

$$\frac{v}{r^2}=-C_3\varphi\sin\varphi-2C_3\cos\varphi-C_2\cos\varphi+\frac{GI_k}{EI_x+GI_k}2C_3\cos\varphi+C_5\varphi$$

$$+C_6-\frac{1}{n^2}\frac{1}{EI_x+GI_k}\left[1-\frac{EI_x/n^2+GI_k}{(1/n^4-2/n^2+1)}\left(\frac{1}{GI_k}+\frac{n^2}{EI_x}\right)\right]$$

$$a_{ny}\cos n\varphi(n\neq1)\qquad(97)$$

由对称性知：

$$C_5=0$$

将式（83）代入边界条件（79），可得：

$$C_3=\left[\frac{EI_x+GI_k}{8EI_xGI_k}\left(\varphi_0\tan\frac{\varphi_0}{2}-5\right)+\frac{1}{2GI_k}\right]a_{ny}\,(n=1)$$

$$C_3=\frac{1}{2}\left\{\begin{array}{l}\dfrac{1}{GI_k}-\dfrac{EI_x+GI_k}{EI_xGI_k}+\dfrac{EI_x/n^2+GI_k}{(1/n^4-2/n^2+1)}\\[2mm]\times\left[\dfrac{EI_x+GI_k}{EI_x(GI_k)^2}-\dfrac{1}{(GI_k)^2}-\dfrac{n^2}{EI_xGI_k}\right]\end{array}\right\}\qquad(98)$$

$$a_{ny}\frac{\cos n(\varphi_0/2)}{\cos(\varphi_0/2)}\,(n\neq1)$$

由结构的边界条件：

$$v\left(-\frac{\varphi_0}{2}\right)=0，\ v\left(\frac{\varphi_0}{2}\right)=0，\ \phi\left(-\frac{\varphi_0}{2}\right)=0，\ \phi\left(\frac{\varphi_0}{2}\right)=0$$

将式（81）、式（83）、式（84）代入结构的边界条件，得：

$$C_2=-\left\{\begin{array}{l}\left[\dfrac{EI_x+GI_k}{8EI_xGI_k}\left(\varphi_0\tan\dfrac{\varphi_0}{2}-5\right)+\dfrac{1}{2GI_k}\right]\dfrac{\varphi_0}{2}\tan\dfrac{\varphi_0}{2}\\+\dfrac{EI_x+GI_k}{8EI_xGI_k}\dfrac{\varphi_0{}^2}{2}\end{array}\right\}a_{ny}(n=1)$$

$$C_2=\left\{\begin{array}{l}\dfrac{EI_x/n^2+GI_k}{(1/n^4-2/n^2+1)EI_xGI_k}\\-\dfrac{1}{2}\left\{-\dfrac{1}{EI_x}+\dfrac{\dfrac{EI_x/n^2+GI_k}{(1/n^4-2/n^2+1)}}{\left[\dfrac{EI_x+GI_k}{EI_x(GI_k)^2}-\dfrac{1}{(GI_k)^2}-\dfrac{n^2}{EI_xGI_k}\right]}\right\}\dfrac{\varphi_0}{2}\tan\dfrac{\varphi_0}{2}\end{array}\right\}$$

$$a_{ny}\frac{\cos n(\varphi_0/2)}{\cos(\varphi_0/2)}(n\neq1)$$

$$C_6=2\left(1-\frac{GI_k}{EI_x+GI_k}\right)\left[\frac{EI_x+GI_k}{8EI_xGI_k}\left(\varphi_0\tan\frac{\varphi_0}{2}-5\right)+\frac{1}{2GI_k}\right]a_{ny}\cos\frac{\varphi_0}{2}$$

$$+\frac{1}{EI_x+GI_k}a_{ny}\cos\frac{\varphi_0}{2}-\frac{1}{8GI_k}a_{ny}\left(6\cos\frac{\varphi_0}{2}+4\frac{\varphi_0}{2}\sin\frac{\varphi_0}{2}\right)(n=1)$$

$$C_6=\left\{\begin{array}{l}\dfrac{\dfrac{1}{GI_k}-\dfrac{EI_x+GI_k}{EI_xGI_k}+\dfrac{EI_x/n^2+GI_k}{(1/n^4-2/n^2+1)}}{\left[\dfrac{EI_x+GI_k}{EI_x(GI_k)^2}-\dfrac{1}{(GI_k)^2}-\dfrac{n^2}{EI_xGI_k}\right]}\end{array}\right\}\left(1-\frac{GI_k}{EI_x+GI_k}\right)$$

$$a_{ny}\cos n\frac{\varphi_0}{2}+\left\{\begin{array}{l}\dfrac{1}{n^2}\dfrac{1}{EI_x+GI_k}\left[1-\dfrac{EI_x/n^2+GI_k}{(1/n^4-2/n^2+1)}\left(\dfrac{1}{GI_k}+\dfrac{n^2}{EI_x}\right)\right]\\+\dfrac{EI_x/n^2+GI_k}{(1/n^4-2/n^2+1)EI_xGI_k}\end{array}\right\}$$

$$a_{ny}\cos n\frac{\varphi_0}{2}(n\neq1)$$

综上可得：

$$\frac{v}{r^2} = \left\{ \begin{array}{l} \dfrac{1}{2GI_k}\left(\varphi\sin\varphi - \dfrac{\varphi_0}{2}\sin\dfrac{\varphi_0}{2}\right) \\[2mm] -\left[\dfrac{EI_x + GI_k}{8EI_xGI_k}\left(\varphi_0\tan\dfrac{\varphi_0}{2} - 5\right) + \dfrac{1}{2GI_k}\right]\left(\varphi\sin\varphi - \dfrac{\varphi_0}{2}\tan\dfrac{\varphi_0}{2}\cos\varphi\right) \\[2mm] +2\left(\dfrac{GI_k}{EI_x + GI_k} - 1\right)\left[\dfrac{EI_x + GI_k}{8EI_xGI_k}\left(\varphi_0\tan\dfrac{\varphi_0}{2} - 5\right) + \dfrac{1}{2GI_k}\right] \\[2mm] \left(\cos\varphi - \cos\dfrac{\varphi_0}{2}\right) + \left(\dfrac{3}{4GI_k} - \dfrac{1}{EI_x + GI_k}\right)\left(\cos\varphi - \cos\dfrac{\varphi_0}{2}\right) \\[2mm] -\dfrac{EI_x + GI_k}{8EI_xGI_k}\left(\varphi^2 - \dfrac{\varphi_0{}^2}{2}\right)\cos\varphi \end{array} \right\}$$

$$a_{ny}\,(n = 1) \tag{99}$$

$$\frac{v}{r^2} = \left\{ \begin{array}{l} \left[\left(\dfrac{\varphi_0}{2}\tan\dfrac{\varphi_0}{2}\cos\varphi - \varphi\sin\varphi\right) + 2\left(\dfrac{GI_k}{EI_x + GI_k} - 1\right)\left(\cos\varphi - \cos\dfrac{\varphi_0}{2}\right)\right] \\[2mm] \times\dfrac{1}{2}\left\{-\dfrac{1}{EI_x} + \dfrac{EI_x/n^2 + GI_k}{(1/n^4 - 2/n^2 + 1)}\left[\dfrac{EI_x + GI_k}{EI_x(GI_k)^2} - \dfrac{1}{(GI_k)^2} - \dfrac{n^2}{EI_xGI_k}\right]\right\} \\[2mm] a_{ny}\dfrac{\cos n(\varphi_0/2)}{\cos(\varphi_0/2)} - \left\{\dfrac{1}{n^2}\dfrac{1}{EI_x + GI_k}\left[1 - \dfrac{EI_x/n^2 + GI_k}{(1/n^4 - 2/n^2 + 1)}\left(\dfrac{1}{GI_k} + \dfrac{n^2}{EI_x}\right)\right]\right\} \\[2mm] \left(\cos n\varphi - \cos n\dfrac{\varphi_0}{2}\right) - \dfrac{EI_x/n^2 + GI_k}{(1/n^4 - 2/n^2 + 1)\,EI_xGI_k}\left(\dfrac{\cos n(\varphi_0/2)}{\cos(\varphi_0/2)}\cos\varphi - \cos n\dfrac{\varphi_0}{2}\right) \end{array} \right\}$$

$$a_{ny}\,(n \neq 1) \tag{100}$$

$$\frac{\phi}{r} = \left\{ \begin{array}{l} \left[\dfrac{EI_x + GI_k}{8EI_xGI_k}\left(\varphi_0\tan\dfrac{\varphi_0}{2} - 5\right) + \dfrac{1}{2GI_k}\right]\left(\varphi\tan\varphi - \dfrac{\varphi_0}{2}\tan\dfrac{\varphi_0}{2}\right) \\[2mm] +\dfrac{EI_x + GI_k}{8EI_xGI_k}\left(\varphi^2 - \dfrac{\varphi_0{}^2}{4}\right) \end{array} \right\}$$

$$a_{ny}\cos\varphi\,(n = 1) \tag{101}$$

$$\frac{\phi}{r} = \left\{ \begin{array}{l} \dfrac{1}{2}\left\{\dfrac{1}{GI_k} - \dfrac{EI_x + GI_k}{EI_xGI_k} + \dfrac{EI_x/n^2 + GI_k}{(1/n^4 - 2/n^2 + 1)}\right. \\[2mm] \left[\dfrac{EI_x + GI_k}{EI_x(GI_k)^2} - \dfrac{1}{(GI_k)^2} - \dfrac{n^2}{EI_xGI_k}\right]\left.\right\} \\[2mm] \times\dfrac{\cos n(\varphi_0/2)}{\cos(\varphi_0/2)}\left(\varphi\sin\varphi - \dfrac{\varphi_0}{2}\sin\dfrac{\varphi_0}{2}\dfrac{\cos\varphi}{\cos(\varphi_0/2)}\right) \\[2mm] +\dfrac{EI_x/n^2 + GI_k}{(1/n^4 - 2/n^2 + 1)EI_xGI_k}\cos n\varphi\left(\dfrac{\cos\varphi}{\cos(\varphi_0/2)} - 1\right) \end{array} \right\}$$

$$a_{ny}\,(n \neq 1) \tag{102}$$

基于 GPRS 的混凝土弯箱梁桥温度效应研究
Research on temperature effect of concrete curved box girder bridge based on GPRS

同理，由式（88）得：

$$b_{ny}\sin n\varphi - EI_x\left(\frac{\mathrm{d}^2 v}{r^2\mathrm{d}\varphi^2} - \frac{\phi}{r}\right) - GI_k\left(\frac{\mathrm{d}^2\phi}{r\mathrm{d}\varphi^2} + \frac{\mathrm{d}^2 v}{r^2\mathrm{d}\varphi^2}\right) = 0 \quad (103)$$

$$EI_x\left(\frac{\mathrm{d}^4 v}{r^2\mathrm{d}\varphi^4} - \frac{\mathrm{d}^2\phi}{r\mathrm{d}\varphi^2}\right) - GI_k\left(\frac{\mathrm{d}^2\phi}{r\mathrm{d}\varphi^2} + \frac{\mathrm{d}^2 v}{r^2\mathrm{d}\varphi^2}\right) = 0 \quad (104)$$

边界条件：

$$GI_k\left(\frac{\mathrm{d}\phi}{r\mathrm{d}\varphi} + \frac{\mathrm{d}v}{r^2\mathrm{d}\varphi}\right)\delta\phi\bigg|_{-\phi_0/2}^{\phi_0/2} = 0 \quad (105)$$

$$\left[GI_k\left(\frac{\mathrm{d}\phi}{r\mathrm{d}\varphi} + \frac{\mathrm{d}v}{r^2\mathrm{d}\varphi}\right) - EI_x\left(\frac{\mathrm{d}^3 v}{r^2\mathrm{d}\varphi^3} - \frac{\mathrm{d}\phi}{r\mathrm{d}\varphi}\right)\right]\frac{\delta v}{r}\bigg|_{-\varphi_0/2}^{\varphi_0/2} = 0 \quad (106)$$

$$\left\{EI_x\left(\frac{\mathrm{d}^2 v}{r^2\mathrm{d}\varphi^2} - \frac{\phi}{r}\right) - b_{ny}\sin n\varphi\right\}\frac{\mathrm{d}\delta v}{r\mathrm{d}\varphi}\bigg|_{-\varphi_0/2}^{\varphi_0/2} = 0 \quad (107)$$

现考虑单跨一次超静定简支曲线等截面梁，它的扭矩反力是超静定的。在 $\varphi = \pm\dfrac{\varphi_0}{2}$ 处，有 $\delta\phi = 0$，$\delta v = 0$。故边界条件（105）（107）自然满足。

由式（103）可得：

$$\frac{\mathrm{d}^2 v}{r^2\mathrm{d}\varphi^2} = \frac{1}{EI_x + GI_k}\left\{EI_x\frac{\phi}{r} - GI_k\frac{\mathrm{d}^2\phi}{r\mathrm{d}\varphi^2} + b_{ny}\sin n\varphi\right\}$$

代入式（104）得：

$$EI_x\left(EI_x\frac{\mathrm{d}^2\phi}{r\mathrm{d}\varphi^2} - GI_k\frac{\mathrm{d}^4\phi}{r\mathrm{d}\varphi^4} - \frac{1}{n^2}a_{ny}\sin n\varphi\right) - GI_k\left(EI_x\frac{\phi}{r} - GI_k\frac{\mathrm{d}^2\phi}{r\mathrm{d}\varphi^2} + b_{ny}\sin n\varphi\right)$$

$$- (EI_x + GI_k)EI_x\frac{\mathrm{d}^2\phi}{r\mathrm{d}\varphi^2} - (EI_x + GI_k)GI_k\frac{\mathrm{d}^2\phi}{r\mathrm{d}\varphi^2} = 0$$

整理得：

$$\frac{\mathrm{d}^4\phi}{r\mathrm{d}\varphi^4} + 2\frac{\mathrm{d}^2\phi}{r\mathrm{d}\varphi^2} + \frac{\phi}{r} = -\frac{EI_x/n^2 + GI_k}{EI_x GI_k}b_{ny}\sin n\varphi \quad (108)$$

解式（108）得：

$$\frac{\phi}{r} = (C_1\varphi + C_2)\cos\varphi + (C_3\varphi + C_4)\sin\varphi + \frac{EI_x + GI_k}{8EI_x GI_k}b_{ny}\varphi^2\sin\varphi(n=1)$$

$$\frac{\phi}{r} = (C_1\varphi + C_2)\cos\varphi + (C_3\varphi + C_4)\sin\varphi$$

$$- \frac{EI_x/n^2 + GI_k}{(1/n^4 - 2/n^2 + 1)EI_x GI_k}b_{ny}\sin n\varphi(n \neq 1)$$

因为对称结构在反对称温度荷载下有对称的受力与变形，故 ϕ 是奇函数，由对称性知：

$$C_2 = 0, \quad C_3 = 0$$

即：

$$\frac{\phi}{r} = C_1 \varphi \cos\varphi + C_4 \sin\varphi + \frac{EI_x + GI_k}{8EI_x GI_k} b_{ny} \varphi^2 \sin\varphi \quad (n = 1)$$

$$\frac{\phi}{r} = C_1 \varphi \cos\varphi + C_4 \sin\varphi - \frac{EI_x/n^2 + GI_k}{(1/n^4 - 2/n^2 + 1)EI_x GI_k}$$

$$b_{ny} \sin n\varphi \quad (n \neq 1) \tag{109}$$

将式（109）代入式（103），得：

$$\frac{\mathrm{d}^2 v}{r^2 \mathrm{d}\varphi^2} = \frac{1}{EI_x + GI_k} \left\{ \begin{array}{l} EI_x \left[(C_1\varphi + C_2)\cos\varphi + (C_3\varphi + C_4)\sin\varphi \right] \\ -GI_k \begin{bmatrix} -(2C_1 + C_4)\sin\varphi - C_1\varphi\cos\varphi \\ +(2C_3 - C_2)\cos\varphi - C_3\varphi\sin\varphi \end{bmatrix} \end{array} \right\}$$

$$+ \frac{1}{EI_x + GI_k} b_{ny} \sin\varphi + \frac{1}{8GI_k} b_{ny} \varphi^2 \sin\varphi - \frac{1}{8EI_x} b_{ny}$$

$$(2\sin\varphi - \varphi^2 \sin\varphi + 4\varphi\cos\varphi)(n = 1)$$

$$\frac{\mathrm{d}^2 v}{r^2 \mathrm{d}\varphi^2} = \frac{1}{EI_x + GI_k} \left\{ \begin{array}{l} EI_x \left[(C_1\varphi + C_2)\cos\varphi + (C_3\varphi + C_4)\sin\varphi \right] \\ -GI_k \begin{bmatrix} -(2C_1 + C_4)\sin\varphi - C_1\varphi\cos\varphi \\ +(2C_3 - C_2)\cos\varphi - C_3\varphi\sin\varphi \end{bmatrix} \end{array} \right\}$$

$$+ \frac{1}{EI_x + GI_k} \left[1 - \frac{EI_x/n^2 + GI_k}{(1/n^4 - 2/n^2 + 1)} \left(\frac{1}{GI_k} + \frac{n^2}{EI_x} \right) \right]$$

$$b_{ny} \sin n\varphi \quad (n \neq 1)$$

整理得：

$$\frac{\mathrm{d}^2 v}{r^2 \mathrm{d}\varphi^2} = C_1 \varphi \cos\varphi + C_4 \sin\varphi + \frac{GI_k}{EI_x + GI_k} 2C_1 \sin\varphi + \frac{1}{EI_x + GI_k} b_{ny} \sin\varphi$$

$$+ \frac{1}{8GI_k} b_{ny} \varphi^2 \sin\varphi - \frac{1}{8EI_x} b_{ny} (2\sin\varphi - \varphi^2 \sin\varphi + 4\varphi\cos\varphi)(n = 1)$$

$$\frac{\mathrm{d}^2 v}{r^2 \mathrm{d}\varphi^2} = C_1 \varphi \cos\varphi + C_4 \sin\varphi + \frac{GI_k}{EI_x + GI_k} 2C_1 \sin\varphi$$

$$+ \frac{1}{EI_x + GI_k} \left[1 - \frac{EI_x/n^2 + GI_k}{(1/n^4 - 2/n^2 + 1)} \left(\frac{1}{GI_k} + \frac{n^2}{EI_x} \right) \right]$$

$$b_{ny} \sin n\varphi \quad (n \neq 1) \tag{110}$$

解式（96）得：

$$\frac{v}{r^2} = -C_1\varphi\cos\varphi + 2C_1\sin\varphi - C_4\sin\varphi - \frac{GI_k}{EI_x + GI_k}2C_1\sin\varphi + C_5\varphi$$

$$+ C_6 - \frac{1}{EI_x + GI_k}b_{ny}\sin\varphi + \frac{1}{8GI_k}b_{ny}(6\sin\varphi - \varphi^2\sin\varphi - 4\varphi\cos\varphi)$$

$$- \frac{1}{8EI_x}\varphi^2\sin\varphi(n = 1)$$

$$\frac{v}{r^2} = -C_1\varphi\cos\varphi + 2C_1\sin\varphi - C_4\sin\varphi - \frac{GI_k}{EI_x + GI_k}2C_1\sin\varphi + C_5\varphi$$

$$+ C_6 - \frac{1}{n^2}\frac{1}{EI_x + GI_k}\left[1 - \frac{EI_x/n^2 + GI_k}{(1/n^4 - 2/n^2 + 1)}\left(\frac{1}{GI_k} + \frac{n^2}{EI_x}\right)\right]$$

$$b_{ny}\sin n\varphi(n \neq 1) \tag{111}$$

由对称性知：

$$C_6 = 0$$

将式（9）代入边界条件（5），可得：

$$\frac{v}{r^2} = -C_1\varphi\cos\varphi + 2C_1\sin\varphi - C_4\sin\varphi - \frac{GI_k}{EI_x + GI_k}2C_1\sin\varphi + C_5\varphi$$

$$+ C_6 - \frac{1}{EI_x + GI_k}b_{ny}\sin\varphi + \frac{1}{8GI_k}b_{ny}(6\sin\varphi - \varphi^2\sin\varphi - 4\varphi\cos\varphi)$$

$$- \frac{1}{8EI_x}\varphi^2\sin\varphi(n = 1)$$

$$\frac{v}{r^2} = -C_1\varphi\cos\varphi + 2C_1\sin\varphi - C_4\sin\varphi - \frac{GI_k}{EI_x + GI_k}2C_1\sin\varphi + C_5\varphi$$

$$+ C_6 - \frac{1}{n^2}\frac{1}{EI_x + GI_k}\left[1 - \frac{EI_x/n^2 + GI_k}{(1/n^4 - 2/n^2 + 1)}\left(\frac{1}{GI_k} + \frac{n^2}{EI_x}\right)\right]$$

$$b_{ny}\sin n\varphi(n \neq 1) \tag{112}$$

由结构的边界条件：

$$v\left(-\frac{\varphi_0}{2}\right) = 0, \quad v\left(\frac{\varphi_0}{2}\right) = 0, \quad \phi\left(-\frac{\varphi_0}{2}\right) = 0, \quad \phi\left(\frac{\varphi_0}{2}\right) = 0$$

将式（95）、式（97）、式（98）代入结构的边界条件，得：

$$C_4 = -\left\{\left[\frac{EI_x + GI_k}{8EI_xGI_k}\left(\varphi_0\cot\frac{\varphi_0}{2} + 5\right) - \frac{1}{2GI_k}\right]\frac{\varphi_0}{2}\cot\frac{\varphi_0}{2} + \frac{EI_x + GI_k}{8EI_xGI_k}\left(\frac{\varphi_0}{2}\right)^2\right\}$$

$$b_{ny}(n = 1)$$

$$C_4 = \left\{ \begin{array}{l} \dfrac{EI_x/n^2 + GI_k}{(1/n^4 - 2/n^2 + 1)\,EI_x GI_k} \\[2ex] -\dfrac{1}{2}\left\{ \dfrac{\dfrac{1}{EI_x} + \dfrac{EI_x/n^2 + GI_k}{(1/n^4 - 2/n^2 + 1)}}{\left[\dfrac{1}{(GI_k)^2} + \dfrac{n^2}{EI_x GI_k} - \dfrac{EI_x + GI_k}{EI_x (GI_k)^2}\right]} \right\} \end{array} \right\} \dfrac{\varphi_0}{2} \cot \dfrac{\varphi_0}{2}$$

$$b_{ny} \dfrac{\sin n(\varphi_0/2)}{\sin(\varphi_0/2)} \, (n \ne 1)$$

$$C_5 \dfrac{\varphi_0}{2} = 2\left(\dfrac{GI_k}{EI_x + GI_k} - 1\right)\left[\dfrac{EI_x + GI_k}{8EI_x GI_k}\left(\varphi_0 \cot \dfrac{\varphi_0}{2} + 5\right) - \dfrac{1}{2GI_k}\right] b_{ny} \sin \dfrac{\varphi_0}{2}$$

$$+ \dfrac{1}{EI_x + GI_k} b_{ny} \sin \dfrac{\varphi_0}{2} - \dfrac{1}{8GI_k} b_{ny}\left(6\sin \dfrac{\varphi_0}{2} - 4\dfrac{\varphi_0}{2}\cos\dfrac{\varphi_0}{2}\right) \, (n = 1)$$

$$C_5 \dfrac{\varphi_0}{2} = \left(\dfrac{GI_k}{EI_x + GI_k} - 1\right)\left\{ \dfrac{\dfrac{1}{EI_x} + \dfrac{EI_x/n^2 + GI_k}{(1/n^4 - 2/n^2 + 1)}}{\left[\dfrac{1}{(GI_k)^2} + \dfrac{n^2}{EI_x GI_k} - \dfrac{EI_x + GI_k}{EI_x (GI_k)^2}\right]} \right\} b_{ny} \sin n \dfrac{\varphi_0}{2}$$

$$+ \left\{ \begin{array}{l} \dfrac{1}{n^2} \dfrac{1}{EI_x + GI_k}\left[1 - \dfrac{EI_x/n^2 + GI_k}{(1/n^4 - 2/n^2 + 1)}\left(\dfrac{1}{GI_k} + \dfrac{n^2}{EI_x}\right)\right] \\[2ex] + \dfrac{EI_x/n^2 + GI_k}{(1/n^4 - 2/n^2 + 1)EI_x GI_k} \end{array} \right\}$$

$$b_{ny} \sin n \dfrac{\varphi_0}{2} \, (n \ne 1)$$

综上可得：

$$\dfrac{v}{r^2} = \left\{ \begin{array}{l} \left[\dfrac{EI_x + GI_k}{8EI_x GI_k}\left(\varphi_0 \cot \dfrac{\varphi_0}{2} + 5\right) - \dfrac{1}{2GI_k}\right] \\[2ex] \times \left[\left(\dfrac{\varphi_0}{2}\cot\dfrac{\varphi_0}{2}\sin\varphi - \varphi\cos\varphi\right) + 2\left(\dfrac{GI_k}{EI_x + GI_k} - 1\right)\left(\dfrac{2\varphi}{\varphi_0}\sin\dfrac{\varphi_0}{2} - \sin\varphi\right)\right] \\[2ex] + \left(\dfrac{1}{EI_x + GI_k} - \dfrac{3}{4GI_k}\right)\left(\dfrac{2\varphi}{\varphi_0}\sin\dfrac{\varphi_0}{2} - \sin\varphi\right) \\[2ex] + \dfrac{EI_x + GI_k}{8EI_x GI_k}\left[\left(\dfrac{\varphi_0}{2}\right)^2 - \varphi^2\right]\sin\varphi + \dfrac{1}{2GI_k}\varphi\left(\cos\dfrac{\varphi_0}{2} - \cos\varphi\right) \end{array} \right\}$$

$$b_{ny} \, (n = 1) \tag{113}$$

基于 GPRS 的混凝土弯箱梁桥温度效应研究
Research on temperature effect of concrete curved box girder bridge based on GPRS

$$\frac{v}{r^2} = \left\{ \begin{array}{l} \left\{ \dfrac{1}{EI_x} + \dfrac{EI_x/n^2 + GI_k}{(1/n^4 - 2/n^2 + 1)} \left[\dfrac{1}{(GI_k)^2} + \dfrac{n^2}{EI_x GI_k} - \dfrac{EI_x + GI_k}{EI_x (GI_k)^2} \right] \right\} \\[4mm] \dfrac{\sin n(\varphi_0/2)}{\sin(\varphi_0/2)} \times \left[\begin{array}{l} \dfrac{1}{2}\left(\dfrac{\varphi_0}{2} \cot \dfrac{\varphi_0}{2} \sin\varphi - \varphi\cos\varphi \right) \\[3mm] + \left(\dfrac{GI_k}{EI_x + GI_k} - 1 \right)\left(\dfrac{2\varphi}{\varphi_0} \sin \dfrac{\varphi_0}{2} - \sin\varphi \right) \end{array} \right] \\[8mm] + \dfrac{1}{n^2} \dfrac{1}{EI_x + GI_k} \left[1 - \dfrac{EI_x/n^2 + GI_k}{(1/n^4 - 2/n^2 + 1)}\left(\dfrac{1}{GI_k} + \dfrac{n^2}{EI_x} \right) \right] \\[4mm] \left(\dfrac{2\varphi}{\varphi_0} \sin n \dfrac{\varphi_0}{2} - \sin n\varphi \right) + \dfrac{EI_x/n^2 + GI_k}{(1/n^4 - 2/n^2 + 1)EI_x GI_k} \\[4mm] \left(\dfrac{2\varphi}{\varphi_0} \sin n \dfrac{\varphi_0}{2} - \dfrac{\sin n(\varphi_0/2)}{\sin(\varphi_0/2)} \sin\varphi \right) \end{array} \right\}$$

$$\qquad b_{ny}(n \neq 1) \tag{114}$$

$$\frac{\phi}{r} = \left\{ \begin{array}{l} \left(\varphi\cos\varphi - \dfrac{\varphi_0}{2} \cot \dfrac{\varphi_0}{2} \sin\varphi \right) \left[\dfrac{EI_x + GI_k}{8EI_x GI_k} \left(\varphi_0 \cot \dfrac{\varphi_0}{2} + 5 \right) - \dfrac{1}{2GI_k} \right] \\[4mm] + \dfrac{EI_x + GI_k}{8EI_x GI_k} \left[\varphi^2 - \left(\dfrac{\varphi_0}{2} \right)^2 \right] \sin\varphi \end{array} \right\}$$

$$\qquad b_{ny}(n = 1) \tag{115}$$

$$\frac{\phi}{r} = \left\{ \begin{array}{l} \dfrac{1}{2}\left(\varphi\cos\varphi - \dfrac{\varphi_0}{2} \cot \dfrac{\varphi_0}{2} \sin\varphi \right) \\[4mm] \times \left\{ \dfrac{1}{EI_x} + \dfrac{EI_x/n^2 + GI_k}{(1/n^4 - 2/n^2 + 1)} \left[\dfrac{1}{(GI_k)^2} + \dfrac{n^2}{EI_x GI_k} - \dfrac{EI_x + GI_k}{EI_x (GI_k)^2} \right] \right\} \\[4mm] \dfrac{\sin n(\varphi_0/2)}{\sin(\varphi_0/2)} + \dfrac{EI_x/n^2 + GI_k}{(1/n^4 - 2/n^2 + 1)EI_x GI_k} \\[4mm] \left(\dfrac{\sin n(\varphi_0/2)}{\sin(\varphi_0/2)} \sin\varphi - \sin n\varphi \right) \end{array} \right\}$$

$$\qquad b_{ny}(n \neq 1) \tag{116}$$

得到式（99）～式（102），式（113）～式（116）中的系数后，再考虑：

$$\iint \alpha T(x,\ y,\ \varphi)y\,\mathrm{d}A = a_{0y} + \sum_{n=1}^{\infty} (a_{ny}\cos n\varphi + b_{ny}\sin n\varphi)$$

进行线性叠加后，即可得到已知的 $T(x, y, \varphi)$ 三维温度场分布下，忽略截面翘曲时，简支超静定曲线梁竖向弯曲与扭转变形的温度效应。连续曲线梁的相应计算结果可参考 3.1.3 条进行计算，在此不再赘述。三维温度场分布下曲线梁的横向弯曲与轴向变形的计算结果也可参考本节步骤进行计算。

5.4　本章小结

本章利用第 3 章、第 4 章所提供和验证的计算方法，即曲线梁桥微分方程与势能最小原理，得到了温度梯度下曲线梁平面内变形及 $T(x, y, \varphi)$ 三维温度场分布下的温度效应的解析解。这些计算过程在实际工程中，如城市中较常出现的小半径曲线梁立交桥中，具有一定的实际意义。

参考文献

［1］ Salawu O S. Detection of structural damage through changes in frequency：a review ［J］. Engineering structures，1997，19（9）：718-723.

［2］ Xia Y，Hao H，Zanardo G，et al. Long term vibration monitoring of an RC slab：temperature and humidity effect ［J］. Engineering Structures，2006，28（3）：441-452.

［3］ Zuk W. Thermal behavior of composite bridges-insulated and uninsulated ［J］. Highway Research Record，1965（76）.

［4］ Emanuel J H，Hulsey J L. Temperature distributions in composite bridges ［J］. Journal of the Structural Division，1978，104（ASCE 13474 Proceeding）.

［5］ Capps M W. The thermal behavior of the Beachley Viaduct/Wye bridge ［J］. 1968.

［6］ Priestley M J N. Design of concrete bridges for temperature gradients ［C］//Journal Proceedings. 1978，75（5）：209-217.

［7］ Churchward A，Sokal Y J. Prediction of temperatures in concrete bridges ［J］. Journal of the Structural Division，1981，107（ST11）.

［8］ Thurston S J，Priestley M J N，Cdoke N. Thermal analysis of thick concrete sections ［C］. Journal Proceedings. 1980，77（5）：347-357.

［9］ Elbadry M M，Ghali A. Temperature variations in concrete bridges ［J］. Journal of Structural Engineering，1983，109（10）：2355-2374.

［10］ Potgieter I C，Gamble W L. Response of highway bridges to nonlinear temperature distributions ［R］. University of Illinois Engineering Experiment Station. College of Engineering. University of Illinois at Urbana-Champaign.，1983.

［11］ Riding K A，Poole J L，Schindler A K，et al. Temperature boundary condition models for concrete bridge members ［J］. ACI Materials Journal，2007，104（4）：379-387.

［12］ Macdonald J H G，Daniell W E. Variation of modal parameters of a cable-stayed bridge identified from ambient vibration measurements and FE modelling ［J］. Engineering Structures，2005，27（13）：1916-1930.

［13］ Moorty S，Roeder C W. Temperature-dependent bridge movements ［J］.

Journal of Structural Engineering, 1992, 118 (4): 1090-1105.

[14] Kromanis R, Kripakaran P, Harvey B. Long-term structural health monitoring of the Cleddau bridge: evaluation of quasi-static temperature effects on bearing movements [J]. Structure and Infrastructure Engineering, 2016, 12 (10): 1342-1355.

[15] Dilger W H. Temperature effects in concrete and composite bridges [C] // Proceedings of the Workshop on Research and Monitoring of Long Span Bridges. 2000: 1-13.

[16] Tong M, Tham L G, Au F T K, et al. Numerical modelling for temperature distribution in steel bridges [J]. Computers & Structures, 2001, 79 (6): 583-593.

[17] Xu Y L, Chen B, Ng C L, et al. Monitoring temperature effect on a long suspension bridge [J]. Structural Control and Health Monitoring, 2010, 17 (6): 632-653.

[18] Ding Y, Zhou G, Li A, et al. Thermal field characteristic analysis of steel box girder based on long-term measurement data [J]. International Journal of Steel Structures, 2012, 12 (2): 219-232.

[19] Ding Y, Wang G. Estimating extreme temperature differences in steel box girder using long-term measurement data [J]. Journal of Central South University, 2013, 20 (9): 2537-2545.

[20] Xia Y, Chen B, Zhou X, et al. Field monitoring and numerical analysis of Tsing Ma Suspension Bridge temperature behavior [J]. Structural Control and Health Monitoring, 2013, 20 (4): 560-575.

[21] Westgate R. Environmental effects on a suspension bridge's performance [D]. University of Sheffield, 2012.

[22] de Battista N, Brownjohn J M W, Tan H P, et al. Measuring and modelling the thermal performance of the Tamar Suspension Bridge using a wireless sensor network [J]. Structure and Infrastructure Engineering, 2015, 11 (2): 176-193.

[23] Shahawy M A, Arockiasamy M. Analytical and measured strains in sunshine skyway bridge. II [J]. Journal of Bridge Engineering, 1996, 1 (2): 87-97.

[24] Roberts-Wollman C L, Breen J E, Cawrse J. Measurements of thermal

基于 GPRS 的混凝土弯箱梁桥温度效应研究
Research on temperature effect of concrete curved box girder bridge based on GPRS

gradients and their effects on segmental concrete bridge [J]. Journal of Bridge Engineering, 2002, 7 (3): 166-174.

[25] Fu Y, DeWolf J T. Effect of differential temperature on a curved post-tensioned concrete bridge [J]. Advances in Structural Engineering, 2004, 7 (5): 385-397.

[26] Kullaa J. Eliminating environmental or operational influences in structural health monitoring using the missing data analysis [J]. Journal of Intelligent Material Systems and Structures, 2009, 20 (11): 1381-1390.

[27] Kullaa J. Distinguishing between sensor fault, structural damage, and environmental or operational effects in structural health monitoring [J]. Mechanical Systems and Signal Processing, 2011, 25 (8): 2976-2989.

[28] 刘兴法. 预应力混凝土箱梁温度应力计算方法 [J]. 土木工程学报, 1986, 19 (1): 44-54.

[29] 屈兆均. 用有限单元法解温度应力的计算原理 [J]. 桥梁建设, 1982 (3): 25-50.

[30] 王效通. 预应力混凝土箱梁温度场计算的有限元法 [J]. 西南交通大学学报, 1985 (3): 52-62.

[31] 房国安. 预应力混凝土梁的温度分布计算 [J]. 铁道标准设计, 1980 (6): 7-16

[32] 管敏鑫. 混凝土箱形梁温度场, 温度应力和温度位移的计算方法 [J]. 桥梁建设, 1985 (1): 40-49.

[33] 孙长荣. 太阳辐射热作用下混凝土箱形截面桥梁温度场的计算与研究 [J]. 哈尔滨建筑工程学院学报, 1988 (1): 92-102.

[34] 盛洪飞. 混凝土箱形截面桥梁日照温差应力简化计算 [J]. 哈尔滨建筑工程学院学报, 1992, 25 (1): 78-83.

[35] 葛耀君, 翟东, 张国泉. 混凝土斜拉桥温度场的试验研究 [J]. 中国公路学报, 1996 (2): 76-83.

[36] 刘耀东, 陈祥宝. 采用人工神经网络求解箱梁温度场算法研究 [J]. 中国公路学报, 2000, 13 (1): 69-72.

[37] 郭棋武, 方志, 裴炳志. 混凝土斜拉桥的温度效应分析 [J]. 中国公路学报, 2002, 15 (2): 48-51.

[38] 王解军, 李全林, 卢向华. 混凝土箱梁桥施工控制的温度效应 [J]. 公路, 2003 (1): 129-131.

［39］刘华波．异形截面预应力混凝土箱梁温度场及温度效应研究［D］．上海：同济大学，2005．

［40］王毅．预应力混凝土连续箱梁温度作用的观测与分析研究［D］．南京：东南大学，2006．

［41］汪剑．大跨预应力混凝土箱梁桥非荷载效应及预应力损失研究［D］．长沙：湖南大学，2006．

［42］彭友松．混凝土桥梁结构日照温度效应理论及应用研究［D］．成都：西南交通大学，2007．

［43］徐丰．混凝土箱梁桥温度效应关键因素研究［D］．武汉：华中科技大学，2009．

［44］Kikuchi F，Tanizawa K. Accuracy and locking-free property of the beam element approximation for arch problems［J］．Computers & Structures，1984，19（1-2）：103-110.

［45］Chapelle D. A locking-free approximation of curved rods by straight beam elements［J］．Numerische Mathematik，1997，77（3）：299-322.

［46］Fumio K. On the validity of the finite element analysis of circular arches represented by an assemblage of beam elements［J］．Computer Methods in Applied Mechanics and Engineering，1975，5（3）：253-276.

［47］Prathap G，Naganarayana B P. Analysis of locking and stress oscillations in a general curved beam element［J］．International Journal for Numerical Methods in Engineering，1990，30（1）：177-200.

［48］Lee P G，Sin H C. Locking-free curved beam element based on curvature［J］．International Journal for Numerical Methods in Engineering，1994，37（6）：989-1007.

［49］Piovan M T，Cortinez V H，Rossi R E. Out-of-plane vibrations of shear deformable continuous horizontally curved thin-walled beams［J］．Journal of Sound and Vibration，2000，237（1）：101-118.

［50］Ishaquddin M，Raveendranath P，Reddy J N. Flexure and torsion locking phenomena in out-of-plane deformation of Timoshenko curved beam element［J］．Finite Elements in Analysis and Design，2012，51：22-30.

［51］Ishaquddin M，Raveendranath P，Reddy J N. Coupled polynomial field approach for elimination of flexure and torsion locking phenomena in the Timoshenko and Euler-Bernoulli curved beam elements［J］．Finite Ele-

基于 GPRS 的混凝土弯箱梁桥温度效应研究
Research on temperature effect of concrete curved box girder bridge based on GPRS

ments in Analysis and Design，2013，65：17-31.

[52] Zhang G，Alberdi R，Khandelwal K. Analysis of three-dimensional curved beams using isogeometric approach [J]. Engineering Structures，2016，117：560-574.

[53] Luu A T，Kim N I，Lee J. Isogeometric vibration analysis of free-form Timoshenko curved beams [J]. Meccanica，2015，50（1）：169-187.

[54] Rajasekaran S. Analysis of curved beams using a new differential transformation based curved beam element [J]. Meccanica，2014，49（4）：863-886.

[55] Hosseini S F，Moetakef-Imani B，Hadidi-Moud S，et al. The effect of parameterization on isogeometric analysis of free-form curved beams [J]. Acta Mechanica，2016，227（7）：1983-1998.

[56] Kochevar A J，Bert C W. Thermal deformations in thin circular rings subjected to localized heating [J]. Journal of thermal stresses，1995，18（2）：141-164.

[57] Fettahlioglu O A，Steele T K. Thermal deformations and stresses in circularly curved thin beams and rings [J]. Journal of Thermal Stresses，1988，11（3）：233-255.

[58] Rastgo A，Shafie H，Allahverdizadeh A. Instability of curved beams made of functionally graded material under thermal loading [J]. International Journal of Mechanics and Materials in Design，2005，2（1-2）：117-128.

[59] Ribeiro P，Manoach E. The effect of temperature on the large amplitude vibrations of curved beams [J]. Journal of sound and vibration，2005，285（4-5）：1093-1107.

[60] Mohammadi M，Dryden J R. Thermal stress in a nonhomogeneous curved beam [J]. Journal of Thermal Stresses，2008，31（7）：587-598.

[61] Rezaiee-Pajand M，Rajabzadeh-Safaei N，Hozhabrossadati S M. Three-dimensional deformations of a curved circular beam subjected to thermo-mechanical loading using green's function method [J]. International Journal of Mechanical Sciences，2018，142：163-175.

[62] 姚玲森. 曲线梁 [M]. 北京：人民交通出版社，1989.

[63] 黄剑源. 薄壁结构的扭转分析：曲线梁与斜支箱形梁 [M]. 北京：中国铁道出版社，1998.

[64] 童根树，许强. 薄壁曲梁线性和非线性分析理论［M］. 北京：科学出版社，2004.

[65] 包世华. 薄壁杆件结构力学［M］. 北京：中国建筑工业出版社，1991.

[66] 韦成龙，曾庆元. 薄壁曲线箱梁考虑翘曲、畸变和剪滞效应的空间分析［J］. 土木工程学报，2000，33（6）：81-87.

[67] 张元海，李乔. 考虑剪滞变形及约束扭转二次剪切变形影响时薄壁曲线箱梁的挠曲扭转分析［J］. 土木工程学报，2009（3）：93-98.

[68] 张元海. 剪力滞效应对箱形梁挠度影响的研究［J］. 计算力学学报，2012，29（4）：625-630.

[69] 周茂定，李丽园，张元海. 考虑截面剪切变形时曲线箱梁的弯扭分析［J］. 兰州交通大学学报，2017（1）.

[70] 甘亚南，周广春，吴亚平. 曲线薄壁箱梁侧向静力分析的能量变分法［J］. 固体力学学报，2011，32（4）：411-418.

[71] 甘亚南，周广春. 曲线矩形箱梁静力分析的双翘曲位移函数法［J］. 土木工程学报，2010（4）：63-69.

[72] 庞振宇，徐秀丽，邢世玲，等. 城市混凝土曲线梁桥温度场及温度效应分析［J］. 中外公路，2016（1）：124-130.

[73] 谭万忠，张佐汉，柯在田. 平面曲线梁桥温度变形与支承体系布置探讨［J］. 铁道建筑，2005（4）.

[74] 姜有鑫，张元海. 曲线连续箱梁桥日照温度效应分析［J］. 甘肃科技，2014（6）：104-106.

[75] 赵小敏，徐秀丽，李雪红，等. 温度变化对预应力混凝土曲线梁桥的影响研究［J］. 公路，2014（11）：42-47.

[76] 杨力. 公路曲线桥梁在温度作用下的变形分析及应对措施［D］. 南昌：华东交通大学，2016.

[77] 张武. 混凝土箱梁桥温度效应研究［D］. 南京：东南大学，2016.

[78] 徐祯耀. 曲线钢箱梁桥温度场及其效应分析［D］. 杭州：浙江大学，2016.

[79] 丁伟. 曲线箱梁桥温度效应研究［D］. 郑州：郑州大学，2013.

[80] 李晓鹏. 预应力混凝土空间曲线箱梁桥温度场和效应研究［D］. 济南：山东大学，2012.

[81] 王毅，叶见曙. 温度梯度对混凝土曲线箱梁影响的计算方法［J］. 东南大学学报：自然科学版，2005，35（6）：924-929.

基于 GPRS 的混凝土弯箱梁桥温度效应研究
Research on temperature effect of concrete curved box girder bridge based on GPRS

[82] 付春雨，李乔. 平曲线箱梁在温差作用下的扭转分析 [J]. 西南交通大学学报，2009，44（5）：710-715.

[83] 李晓飞，赵颖华. 两端简支曲线梁面内位移精确解 [J]. 工程力学，2008，25（8）：145-149.

[84] 国家铁路局. TB 10092—2017 铁路桥涵混凝土结构设计规范 [S]. 北京：中国铁道出版社，2017.

[85] 中交公路规划设计院有限公司. 公路桥涵设计通用规范 [M]. 北京：人民交通出版社股份有限公司，2015.

[86] 刘鸿文. 高等材料力学 [M]. 北京：高等教育出版社，1985.

责任编辑：高　悦
封面设计：兆远书装

建工出版社微信　　各地建筑书店

经销单位：各地新华书店／建筑书店（扫描上方二维码）
网络销售：中国建筑工业出版社官网 http://www.cabp.com.cn
　　　　　中国建筑出版在线 http://www.cabplink.com
　　　　　中国建筑工业出版社旗舰店（天猫）
　　　　　中国建筑工业出版社官方旗舰店（京东）
　　　　　中国建筑书店有限责任公司图书专营店（京东）
　　　　　新华文轩旗舰店（天猫）　凤凰新华书店旗舰店（天猫）
　　　　　博库图书专营店（天猫）　浙江新华书店图书专营店（天猫）
　　　　　当当网　京东商城
图书销售分类：市政·环境·交通工程（B20）

ISBN 978-7-112-28137-4

9 787112 281374 >

（40130）定价：38.00元